世界名人非常之路

SHI JIE MING REN FEI CHANG ZHI LU

泰戈尔

李 奎◎编著

中国社会出版社
国家一级出版社★全国百佳图书出版单位

《世界名人非常之路》编委会

著名学者培根说："用伟大人物的事迹激励我们每个人，远胜于一切教育。"

的确，崇拜伟人、模仿英雄是每个人的天性，人们天生就是伟人的追星族。我们每个人在追星的过程中，带着崇敬与激情沿着伟人的成长轨迹，陶冶心灵，胸中便会油然升腾起一股发自心底的潜力，一股奋起追求的冲动，去寻找人生的标杆。那种潜移默化的无形力量，会激励我们向往崇高的人生境界，获得人生的成功。

浩浩历史千百载，滚滚红尘万古名。在我们人类历史发展的进程中，涌现出了许多可歌可泣、光芒万丈的人间精英。他们用挥毫的笔、超人的智慧、卓越的才能书写着世界历史，描绘着美好的未来，不断创造着人类历史的崭新篇章，不断推动着人类文明的进步和发展，为我们留下了许多宝贵的精神财富和物质财富。

这些伟大的人物，是人间的英杰，是我们人类的骄傲和自豪。我们不能忘记他们在那历史巅峰发出的洪亮的声音，应该让他们永垂青史，英名长存，永远纪念他们的丰功伟绩，永远作为我们的楷模，以使我们未来的时代拥有更多的出类拔萃者，以便开创和编织更加绚丽多姿的人间美景。

我们在追寻伟人的成长历程中会发现，虽然每一位人物的成长背景各不相同，但他们在一生中所表现出的辛勤奋斗和顽强拼搏精神，则是殊途同归的。这正如爱默生所说："伟大人物最明显的标志，就是他们拥有坚强的意志，不管环境怎样变化，他们的初衷与希望永远不会有丝毫的改变，他们永远会克服一切障碍，达到他们期望的目的。"同时，爱默生又说："所有伟大人物都是从艰苦中脱颖而出的。"

伟大人物的成长也具有其平凡性，关键是他们在做好思想准备进行人生不懈追求的过程中，从日常司空见惯的普通小事上，迸发出了生命的火花，化渺小为伟大，化平凡为神奇，获得灵感和启发，从而获得伟大的精神力量，去争取伟大成功的。这恰恰是我们每个人都要学习的地方。

正如学者吉田兼好所说："天下所有的伟大人物，起初都很幼稚而有严重缺点的，但他们遵守规则，重视规律，不自以为是，因此才成为一代名家，成为人们崇敬的偶像。"

为此，我们特别推出《世界名人非常之路》丛书，精选荟萃了古今中外各行各业具有代表性的名人，其中包括政治领袖、将帅英雄、思想大家、科学巨子、文坛泰斗、艺术巨匠、体坛健儿、企业精英、探险英雄、平凡伟人等，主要以他们的成长历程和人生发展为线索，尽量避免冗长的说教性叙述，而采用日常生活中富于启发性的小故事来传达他们成功的道理，尤其着重表现他们所处时代的生活特征和他们建功立业的艰难过程，以便使读者产生思想共鸣和受到启迪。

为了让读者很好地把握和学习这些名人，我们还增设了人物简介、经典故事、人物年谱和名人名言等相关内容，使本套丛书更具可读性、指向性和知识性。

为了更加形象地表现名人的发展历程，我们还根据人物的成长线索，适当配图，使之图文并茂，形式新颖，设计精美，非常适合读者阅读和收藏。

我们在编撰本套丛书时，为了体现内容的系统性和资料的翔实性，参考和借鉴了国内外的大量资料和许多版本，在此向所有辛勤付出的人们表示衷心谢意。但仍难免出现挂一漏万或错误疏忽，恳请读者批评指正，以利于我们修正。我们相信广大读者通过阅读这些世界名人的成长与成功故事，领略他们的人生追求与思想力量，一定会受到多方面的启迪和教益，进而更好地把握自我成长的关键，直至开创自己的成功人生！

人物简介

名人简介

拉宾德拉纳特·泰戈尔（Rabindranath Tagore，1861～1941），印度孟加拉语诗人、作家、艺术家、社会活动家。

泰戈尔生于印度加尔各答市一个具有深厚文化教养的家庭，父亲是著名的宗教改革家和社会活动家，6 个哥哥也均献身于社会改革和文艺复兴运动。

泰戈尔童年时代即崭露诗才，他的爱国诗篇《给印度教徒庙会》于 1875 年发表，当时他年仅 14 岁。

1880 年，19 岁的泰戈尔便成为职业作家。1881 年至 1885 年，他出版了抒情诗集《暮歌》、《晨歌》，还有戏剧和小说等作品。这些早期作品的特点是梦幻多于现实，富于浪漫主义色彩。

19 世纪 90 年代是泰戈尔创作的旺盛期，1890 年出版的诗集《心中的向往》是他的第一部成熟作品。1894 年，著名诗篇《两亩地》的发表，标志着泰戈尔从宗教神秘主义走向深刻的人道主义。此外，泰戈尔还创作了 60 多篇短篇小说，其中的《素芭》、《摩诃摩耶》、《最后活着，还是死了》等被列入世界优秀短篇小说杰作之林。

成就与贡献

1901 年，泰戈尔为改造社会创办了一所学校，从事儿童教育实验。1912年，这所学校成为亚洲文化交流的国际大学。由于英国在孟加拉推行分裂政策，1905年印度掀起民族解放运动的第一个高潮，泰戈尔积极投身于运动并创作了许多爱国诗篇。

这一时期是泰戈尔创作的最辉煌时期，他出版了8部孟加拉文诗集和8部英文诗集，其中《吉檀迦利》为诗人赢得世界性声誉。这一时期重要的诗集还有《园丁集》、《新月集》、《飞鸟集》等。1910年，泰戈尔又发表了史诗性长篇小说《戈拉》和象征剧《国王》等。

泰戈尔一生共创作了50多部诗集，12部中、长篇小说，100多篇短篇小说，20多种戏剧，还有大量有关文学、哲学、政治的论著和游记、书简等。此外，他还是位造诣颇深的音乐家和画家，曾创作2000多首歌曲和1500多幅画，其中歌曲《印度命运的创造者》已被定为印度国歌。

地位与影响

在60余年的艺术生涯中，泰戈尔继承了古典和民间文学的优秀传统，吸收了欧洲浪漫主义与现实主义文学的丰富营养，在创作上达到炉火纯青的地步，取得了辉煌成就，成为一代文化巨人。

1913年，“由于他那至为敏锐、清新与优美的诗；这诗出之以高超的技巧，并由他自己用英文表达出来，使他那充满诗意的思想已成为西方文学的一部分”，泰戈尔获得了诺贝尔文学奖。英国政府封他为爵士。

1941年4月，这位旷世奇才，印度近代文学的奠基人写下最后的遗言《文明的危机》。同年8月7日，泰戈尔于加尔各答祖宅去世，享年80岁。

目录

泰戈尔

初展诗才

施展才华

直面痛楚

初展诗才

要是童年的日子能重新回来，那我一定不再浪费光阴，我要把每分每秒都用来读书！

——泰戈尔

多才多艺的儿童

1861 年 5 月 7 日，在印度西孟加拉邦加尔各答的一个多子女贵族家庭，一个男婴呱呱坠地，他便是后来的大文豪泰戈尔。

泰戈尔的家庭属于商人兼地主阶级，是婆罗门种姓，在英国东印度公司时代财运亨通。泰戈尔的祖父和父亲都是社会活动家，在当时积极赞成孟加拉的启蒙运动，支持社会改革。

泰戈尔的父亲代温德拉纳特生于 1817 年，他的童年是在颇为豪华的生活环境中度过的，而这种奢华的生活在他的青年时期则达到了顶峰。

代温德拉纳特在慈祥的祖母、善良的母亲和富有的父亲的三重宠爱下长大。然而这三方面的爱却不尽相同，甚至差异很大。祖母生活十分简朴，她只吃自己亲手做的饭菜，吃多少日子，就斋戒多少日子。平日里她总是不断地为家神编织花环，唱赞神曲。

代温德拉纳特的母亲在苦行和淳朴方面比祖母有过之而无不及。她甚至远离她的丈夫，不愿意同他接触，视他为“粗野之人”，她甚至觉得和丈夫一起用餐都是一种堕落。

来自祖母和母亲与来自父亲的两种截然不同的生活方式和爱抚，在代温德拉纳特朦胧的意识中产生了深刻的影响。这不仅使他过早地变为一个沉思、持重和性格内向的人，而且还迫使他那颗年轻而又充满疑惑的心，常常去思考自我克制是不是宗教的真正奥秘，去思考自己是选择自我克制还是追求快乐和享受。

代温德拉纳特本人身上兼具三种不同气质，那就是对宗教的浓厚感情、对艺术的敏锐感受和对实际工作的精明善断。第一种气质反映在他精神上的唯心主义和对神灵的感悟力上；第二种气质表现于他对大自然的热爱中，表现于他的充满着优美而富于诗意的言谈和写作中；第三种气质则体现在他对梵社的组织工作和对财产的卓有成效的管理方面。

这是一种近乎完美的结合。此外，他待人温文尔雅，举止尊贵大方。他的才干和为人使他的名望与日俱增，后来人们称他为“玛哈希”，就是指“大圣人”。

就像他的祖父一样，泰戈尔的父亲终生喜欢旅行。几乎每年春季或秋季，“大圣人”都要离家出游。在当年的印度，旅行被认为是一种冒险的事情，需要真正的勇气。但他尤其喜欢到白雪皑皑、巍然高耸的喜马拉雅山旅行。

面对着那四季积雪的崇山峻岭，他内心感到无限快慰。被尘世纷繁生活困扰的代温德拉纳特，甚至想永久定居于自己热爱的喜马拉雅山，这样他就可以在孤寂和宁静中对着神灵祈祷，度过余生。

然而有一次当他面对山泉，思索着溪流源于高山泉水，流向原野，奔向大海，而不惜将清流弄得混沌以服务于人类时，他的心又感动不已，一种伟大的情感便油然而生，于是他决心将自己所悟所学的真理传播于四方，造福于人类。从此，虽然他也多次去喜马拉雅山旅行，但再没有过隐居遁世的念头。

泰戈尔的家庭十分庞大，他的父母一共生过 15 个子女，泰戈尔是第 14 个，最小的弟弟很小就夭折了，因此，他便成了父母最小的孩子。这个家庭继承了父亲所热爱的印度文化传统，又深受西方文化影响，常举行哲学和宗教讨论会、诗歌朗诵会，经常演戏，还有不时安排的音乐会。

著名诗人、演员、音乐家和学者常常成为泰戈尔家庭的座上客，父母让子女们自由发展各自的特长，充分发表各自的见解而不加限制，态度极开明。泰戈尔成长在这样的家庭中，在他的性格形成时期，从家庭环境中饱吸了智慧和美的养分。

由于是父母最小的儿子，被大家昵称为“罗宾”的泰戈尔成为每个家庭成员都钟爱的对象。但他并不受溺爱，“在任何时候，我们都不能毫不费力地得到一点点东西……从果皮到果肉，从来都舍不得扔一星半点儿。”

恰恰相反，由于泰戈尔的母亲需要管理这个大家庭，整日里被没完没了的家务缠得无法脱身，根本腾不出时间来关照最小的儿子，所以泰戈尔在童年时代并未享受到多少母爱。

他的父亲像隐士一样，在家中深居简出，而且他总是忙于自己的改良主义事业，要不就是坐禅默祷，或者四处旅行。因此，年幼的泰戈尔不仅得不到操劳不已的母亲的多少照顾，甚至也很少见到父亲的面。因此，每当父亲从喜马拉雅山区漫游归来，偶尔会与孩子短暂相处的时候，小泰戈尔总是欢喜跳跃，感受到无穷的乐趣。然而这样的时候太少了！

这种来自双亲的关心和爱抚的缺乏，使得这颗幼小的心灵在童年时代对母爱的不倦的向往，一次又一次地化为对女性的关怀与爱的渴望。

每当小泰戈尔被人们撇下一人独处时，他最喜欢的消遣就是凭栏眺望，一连好几个小时目不转睛地遥望着远处的花园和池塘、来来往往的人群……生活就这样不经意地造就了一颗善感多思的心灵。

但是，成为诗人后的泰戈尔对他幼时的孤独丝毫也没有半点顾影自怜的感觉和抱怨之心，相反，他还庆幸自己的命运，正是因为父母的忙碌使他避免了由于长辈关怀备至的爱而带来的任性和各种不良习气。

泰戈尔在他的《回忆录》中清醒而又理智地写道：“尽管大人从照顾小孩之中感到无比欢愉，然而小孩的不幸也从那儿引出。”

而且，这个家庭的生活方式也十分简朴，鞋子和袜子要在儿女们长到10岁时才按宗教法规批准穿用。泰戈尔在迟暮之年回忆他的童年时这样写道：

我在童年几乎不知奢侈为何物，总的说来，那时的生活比现在简单得多。同时，我们家里的孩子，有完全不受过分照顾的自由。

我们的膳食没有什么美味的，我们所穿的那些衣服只能引起现代儿童的嘲笑。在我们满10岁以前，无论如何也穿不上鞋袜。冷天就在布衣上加一件棉布外褂。我们从来没有想到这就算寒碜。

相形之下，他的家庭给他的艺术熏陶是极明显的，泰戈尔丰富的历史、文学和科学知识都源自于父兄。

泰戈尔家族对印度民族解放运动和复兴孟加拉文艺具有很大贡献。泰戈尔的长兄德威金德拉纳特才华出众，是诗人和哲学家，曾向印度介绍西方哲学。

另一位兄长萨迪延德拉纳特是进入英属印度行政机构的第一个印度人，懂多种语言，翻译出版了许多梵文和孟加拉文古典著作。

值得一提的是，泰戈尔的姐姐斯瓦纳库玛丽是第一位用孟加拉文写小说的女作家。五哥乔蒂林德拉纳特更是多才多艺，他不光是一位音乐家，同时还是戏剧家、诗人和新闻记者。他长泰戈尔13岁，对泰戈尔的才干十分赏识并予以鼓励，还通过创办文学杂志《婆罗蒂》月刊直接引导罗宾德拉纳特走上文坛。

另外，泰戈尔的母亲夏勒达·黛薇，是一位风姿绰约、优雅宽厚的女性。

母亲在泰戈尔身上倾注了深深的爱，给他布置出一个精美优雅的环境。泰戈尔就在这样的家庭氛围里度过一生中最愉快安逸的日子。

虽然，小泰戈尔得到的来自于父母的关爱相对少一些，但是，家庭却没有忽略对他的教育，学校教育和家庭读书，为小泰戈尔打下了多方面兴趣的基础。

父亲对泰戈尔寄予了很大的希望。他很自信地对妻子说："我一定要把这个孩子培养成子女们中最出色的一个。"

"你打算怎么做呢?"

"我要在他很小的时候，就对他进行全面的培养。我相信他会成为一个小神童的。"

在泰戈尔 3 岁的时候，父亲就开始让他学画画。小泰戈尔虽然只会在纸上乱涂，但是还是看得出他对色彩很敏感，泰戈尔的一位擅长绘画的哥哥承担起对小泰戈尔的绘画启蒙教育，同时父亲开始亲自教小泰戈尔学字母。

父亲将各种字母写在大小不同的卡片上，这些字母都用了不同的颜色，他每天用这些卡片和小泰戈尔做游戏。他从来不提倡孩子死记硬背，经常把卡片放在一个纸箱子里，然后他说出颜色让小泰戈尔去找。

当小泰戈尔按照他指定的色彩取出图片时，父亲就把图片上的字母读给他听并让小泰戈尔跟着他念。这样进行了一段时间，他又指定了字母让小泰戈尔去纸箱子里找。

当小泰戈尔找出了他指定的字母时，他就让小泰戈尔说出是什么颜色。每当小泰戈尔找对了字母或是颜色，父亲就轻轻摸着他的头对他表示赞扬；如果他找错了，父亲就会笑着说"嘿！你这个小傻瓜"，并同时取出他指定的卡片说"这才是正确的答案"。

这样，小泰戈尔不但轻而易举地学会了很多字母而且熟悉了 20 多种颜色。

小泰戈尔在绘画方面并没有表现出过人的天赋，他后来在《回忆录》中说：

我记得很清楚，午后，我常常拿着一个速写本躺在地毯上，心里盘算着想画点什么。与其说是练习绘画，不如说更像是一种消遣。这种游戏最重要的作用是在心底留下了一些东西，纸上连一线一点也没有留下。

当小泰戈尔4岁的时候，父亲又开始对他进行音乐教育，音乐课主要由小泰戈尔的另一个哥哥萨迪延德拉纳特来负责。

哥哥除了教他弹钢琴，还经常给他放一些印度的音乐，还有形式多样的民间乐曲，其中包括具有孟加拉韵味的宗教流行乐曲。印度北部古曲给他留下了极其深刻的印象。

在泰戈尔学音乐的同时，父亲让精通外语的姐姐教小泰戈尔学英语。在一家人的努力下，小泰戈尔的进步非常快。到6岁的时候，他既能画画又会弹钢琴，而且还能说一口流利的英语。

大胆迈出魔圈

泰戈尔的父亲酷爱旅行，经常外出，母亲要操持一个人口众多的大家庭，父母都无力顾及这个最小的儿子。倒是他的大姐苏达米妮在某种程度上代替了母亲，给予小泰戈尔以无限的疼爱和温存。

苏达米妮十分疼爱这个小弟弟，常常对人讲，“我的泰戈尔长得黑，不如大家那样白净，不过有朝一日，他要比大家更加光彩夺目。”

泰戈尔稍稍长大一些后，母亲就将他交给仆人看管。泰戈尔的童年和少年很多时候是和仆人度过的。仆人常常把家里的孩子们禁闭在屋里，叫他们老老实实待着，甚至禁止他们游戏。小泰戈尔是个生性好动的孩子，他渴望自由，渴望外面的世界，以至于不愿意受约束的他后来把那段时间叫做“仆人统治”时期。

有一个仆人叫夏玛，他长着一头鬈发，黝黑圆胖。夏玛最喜欢偷懒，为了让秉性好动的小泰戈尔安静下来，他想出一个绝招，将小泰戈尔关在房子里，让他坐在窗前，在他周围用粉笔画个圆圈。

夏玛吓唬小泰戈尔说，如果走出魔圈一步，将会大难临头。小泰戈尔听过史诗《罗摩衍那》的故事，知道女主人公悉多因走出魔圈所招致的灾难，所以他在仆人走后，也始终不敢越出雷池一步，整天一动不动地坐在那里。

夏玛把泰戈尔安顿在自己画的魔圈里，便一瘸一拐地躲到一边玩牌、喝酒去了。泰戈尔只好一动不动地注视着窗外，窗外的一切景物都深深地吸引、打动着他的心。

他感觉到在这个世界上，有一件他永远也得不到的东西，它的名字就叫做“外面”。“它”总是用它的闪光、它的香气、它的声音，从它的空隙里来触摸小小的他。在他看来，这个被他叫做“外面”的东西是非常顽皮的，它总能在围栏之外做出想与他玩耍的样子。然而它是自由的，而他自己是受约束的，他不能去与它相会、嬉戏，因此，“外面”对他有着无法抗拒的诱惑力。

后来，苏达米妮告诉泰戈尔，窗外宽阔的一大片绿草地叫广场，那里是供人们休息玩耍的地方，那绿油油的小草像一块大绒毯，广场中心有个大水池，水池中高高射向空中的水柱叫喷泉。喷泉洒落下来的小水珠在阳光的照耀下闪着五颜六色的光芒，真是好看极啦！

而最吸引泰戈尔的还是水池边那棵高大繁茂得像一把大伞的老榕树。它像一位善良的老人，站在窗外注视着屋内那个可怜的小男孩，仿佛在呼喊着泰戈尔的名字：“乖孩子，快跳出魔圈吧！快跑到窗外来一起玩耍吧！”

泰戈尔凝望着窗外水池边的大榕树，榕树成为了他度过寂寞时光的唯一伙伴。后来，泰戈尔在一首诗中写道：

数不尽的细树根低垂着，
噢，古老的榕树！
你如同沉思的大仙一般，
日日夜夜屹立着，
你可曾记得那个孩子，
他的想象与你的阴影戏闹。

泰戈尔最喜欢看的是地面上的阳光与老榕树影子的变化无穷的玩耍、嬉戏，阳光一会儿把榕树的影子变得细长或粗短，一会儿又把它的影子从地面推进水池，水池中泛起层层微波，使大榕树的影子在水中摇动起来。

从那时起，一种天才的观察力和敏锐多思的气质就已经在小泰戈尔身上显现出来了。小泰戈尔之所以能够默默地忍受着那近乎残忍的管辖，不全是因为他生性温和驯良，在某种程度上说，还在于他在任何时候都能对周围的一切怀有无限的兴趣和好奇心，能够从一些极为细小的事物中找到自己的乐趣。富于天才的心灵与普通的心灵的区别在孩童时期就已初露端倪了。

仆人所设的魔圈并没有锁住泰戈尔那颗向往自由的心灵。窗外的景物泰戈尔早就看够了，他开始想象着，外面的外面肯定更好玩儿、更神秘。

于是，泰戈尔稚嫩的小脑瓜子里塞满了各种各样的问号，他努力地思考着目之所及的周围的事物，而且他的思考终于得到了答复。小泰戈尔仿佛听到了来自四面八方的事物都在热情地呼唤着他的名字："泰戈尔！勇敢的孩子，快冲出魔圈来到我们这里，跟我们一块儿自由地玩耍吧！"

泰戈尔终于被这些来自内心深处的喊声吸引和打动了，他开始试探着将一只小脚尖儿探到魔圈外，然后又飞快地缩了回来。但他马上

发现自己的小脚并没有被妖怪们咬去。他的胆子又开始大了起来，又将整个小脚放到了魔圈的外面，这一回泰戈尔没有往回缩脚，但是妖魔鬼怪仍然没有咬他的脚。

泰戈尔在心中自语道："什么妖魔鬼怪呀！原来是骗人的把戏啊！这回我可要当个勇敢的孩子了，飞越出这个害人的魔圈，到

外面的外面去自由自在地玩个痛快!"

想到这里，泰戈尔“嗖”的一下就冲出了魔圈，飞快地冲到了外面的世界里。

还有一个叫做艾思瓦的仆人，此人最大的特点是比较贪吃。他主要负责给孩子们开饭。因其贪吃，他从来都不勉强小主人进食。因此，在每次开饭时，他总是手里拿着盛放食物的木盘，用威胁的口气挨个问孩子们是否还要再添一点。孩子们从他的声调和眼神里，都能猜到他的用意，自然都不敢再要了。每当这时，剩下的食物就都归了他。以至于泰戈尔后来这样回忆说：“这样，我从幼年时就很容易忍受少吃东西。”

比起受骗和挨饿的经历，儿时发生的其他事情就算不了什么了。泰戈尔在回忆起自己的童年时，除了对这两个仆人仍保留有清晰的印象外，“对于我们童年时代的大多数暴君，我只记得他们的拳打手击，此外什么也想不起来了。”

随着泰戈尔一天天长大，这种“仆人统治”的笼中鸟生活，也宣告结束了。

写出第一首诗

除了父兄对小泰戈尔的影响以外，在“仆人统治”时期，照管泰戈尔的仆人中也不乏多才多艺的好心人。

其中有一个名叫卡拉什的老会计是个大滑稽家，为了讨好小主人，他总是对着泰戈尔高声唱着自己编写的滑稽诗，而诗句一旦吟出，便滔滔不绝，韵脚也铿锵有力，令小泰戈尔乐不可支。

有个仆人则可以背诵和演唱全部由民歌体写成的《罗摩衍那》。《罗摩衍那》是印度著名的史诗性叙事诗，史诗以罗摩和妻子悉多的悲欢离合为故事主线，表现了印度古代宫廷内部和列国之间的斗争；因其间穿插了不少神话传说和小故事及描绘自然景色、战斗场面等花费了过多笔墨，故而篇幅宏大。

卡拉什经常给泰戈尔讲故事，演故事。他把正义、人道主义与英雄主义播进了孩子的心灵。他使泰戈尔开始潜移默化地接受印度的民间文学、民间文艺。

泰戈尔开始懂得什么是押韵，什么是合辙。为泰戈尔日后成为大诗人，启了蒙，开了窍。

这是泰戈尔最早接触到的印度民间文学创作，民间故事对泰戈尔起到了很好的启蒙作用，对他日后创作有着深刻的影响。同时，在他那幼小的心灵里，也播下了爱国主义和人道主义的种子。

在仆人卡拉什的潜移默化下，泰戈尔很快地就成为民间文学的爱好者了。开始，他还只是对一些神怪故事、趣闻和谚语感兴趣，后来他在一本儿童初级课本里读到这样两句催眠曲的韵文：

雨儿滴沥着，

叶儿颤动着。

这是泰戈尔接触到的第一首诗，当时，泰戈尔的心里充满了一种说不出来的快乐，这是一个儿童对诗歌神奇力量的第一印象，这是一颗对诗歌有着一种天然的领悟力和鉴赏力的心灵的直觉。

后来，泰戈尔回忆起当时的情形时说：

直至今天，那些日子的欢乐图景还铭刻在我的心上。我明白了，诗歌为什么要有韵脚。

由于有韵，诗词似乎结束，但又似乎没有完结；倾诉结束，但它的回响犹存；心灵和耳朵互相不断玩着押韵的游戏。

这样，我在自己生活的漫长日子里，在我的知觉中，一次次地谛听到雨水的淅沥声和树叶的婆娑声。

文学给予泰戈尔的初次愉悦以及相对自由无羁的生活，逐渐被繁重的学习重担所代替，幼小的泰戈尔也不得不开始面对新的烦恼。

泰戈尔一天一天地长大，一天一天地渴望着走出家宅庭院的藩篱，去看看外面的世界。

按印度风俗，泰戈尔 5 岁这年，父亲代温德拉纳特把小儿子泰戈尔叫到跟前："乖儿子，你已经 5 岁了，该拜师学知识了，今天爸爸为你举行拜师礼你愿意吗?"

泰戈尔顺从地点了点头："爸爸，我愿意！"

"乖儿子，你是有出息的孩子！将来你会成为咱们家族的栋梁！"

于是，拜师仪式在父亲代温德拉纳特和母亲夏勒达的主持下进行。首先，母亲夏勒达为泰戈尔洗澡、剃发。然后接受老师赠送的衣服，其中有一块遮羞布。紧接着母亲又送给泰戈尔草编的腰带和圣带，并且还把兽皮衣、木棍等物品送给了泰戈尔。

最后，老师捧起一捧水倒在泰戈尔手中，象征老师把知识传授给学生。拜师的泰戈尔又跪地向太阳祈祷，这样老师才接受他。老师接受了泰戈尔后，在他面前诵念太阳经文：

> 这是现实，这是智慧，这是光明，我们拥有明媚的阳光。它是火，点燃了我们的聪明和智慧。

拜师仪式结束，泰戈尔开始接受家庭教师教育，学习各种知识。过了一段时间，当泰戈尔看到自己的兄长和大姐的儿子乘着车子去上学，并且在回来后总是向他炫耀他们在途中所见所闻时，泰戈尔也大哭大闹着要去上学。

有一天哥哥去上学，泰戈尔不禁哭起来，闹着要到学校里去。家庭教师给了他一记耳光，厉声说道："你现在哭闹着要去上学，将来你恐怕更要哭闹着想离开学校呢！"

哭声使他的目的达到了，家人把他送进了东方学校。然而不久以后，泰戈尔便发现他已不幸被家庭教师的话言中了。

在东方学校这所小学里究竟学到些什么呢？泰戈尔后来已经没有什么印象了，但他却记得那里为惩罚功课不好的学生所用的五花八门的办法：背不好书的可怜的孩子们，被罚站在凳子上，两臂伸开，手掌向上，上面叠放着几块石板。

粗暴冷酷的学校教育很快就在单纯的泰戈尔身上产生了影响，当他从学校回到家中，便开始模仿冷酷无情的教师，拿着藤条，敲打着院中的栅栏，并把自己的玩具，当做自己的学生加以训斥。

后来，当泰戈尔回忆起自己这段经历时曾这样写道：

现在我懂得了，与内容相比，风格的掌握是容易的。我毫不费劲地学到了教师的全部粗暴脾气、烦躁易怒的感情和偏袒的态度，却把老师讲述的内容抛在了一边。

好在自己并不是生性残虐的人，不能对有生命力的人发泄，更不会虐待别人。

泰戈尔厌恶这个学校，不久他就转入了师范学校。当时，这所学校被认为是依照英国的教育制度而建立起来的模范学校。所谓模范学校对未来诗人的成长起了怎样的作用呢？在泰戈尔的记忆中，这种所谓正规教育似乎也没有给他留下深刻的印象，只有两件事情令他终生难忘。

第一件事是在上课之前，所有学生都被强制在走廊上坐成一排，集体吟唱英文歌曲。校方似乎是想以此来激起学生对学习的兴趣。然而事与愿违的是根本不知其意的拗口的英文发音，加上异国奇怪的音乐曲调，使泰戈尔一点也不明白大家共同练习的、重复的是什么古怪的咒语。而在单调枯燥、没有意义的表演中，他的心丝毫也感受不到任何快乐。

第二件事也是泰戈尔很难忍受的一件事。一个给他上课的教师满口脏话，泰戈尔对这个人十分厌恶，拒绝回答他提出的任何问题，这样便引来这个教师的报复，他把这个蔑视教师的小孩长年安置在教室最后一个座位上。

在别人都在忙忙碌碌地做着功课的时候，泰戈尔却被晾在一边，独自默默地思考解决学习中的难题。一年过去了，在年终考试中，泰戈尔的孟加拉语成绩名列榜首，这是一个令人感到意外的结果。

那个喜欢骂人的老师向校方提出异议，怀疑主考老师徇私作弊。结果校长又让泰戈尔重考一次，并亲自与考官一道主考，但是真金不怕火炼，泰戈尔再次取得了最高分。

在将泰戈尔送到学校读书的同时，家人又给孩子安排了各种各样科目的教育，盼望他能早日成才。虽说家庭学习的效果要比学校好，但对一个小小年纪的孩子来说，负担也太重了。

功课让泰戈尔一天到晚忙个不停。早晨天还不亮，他就必须起床，跟随城里一位有名的独眼拳师练摔跤。操练结束，泰戈尔带着满身的泥土归来后，一个医学院的学生立刻给他讲习骨骼知识的课程：一幅人体骨骼图挂在墙上，小孩子要努力地背诵，记住各种骨头的拉丁文名称。到了晚上，这幅骨骼图又被挂在他卧室的墙上，便于他随时温习。

紧接着，仆人照例送来午餐盘子，盛有米饭、咖喱鱼和豆汤，这样的食谱从来都不会变换一下。被一上午的活动和学习弄得精疲力竭的孩子，对这份一成不变的午餐早已腻味透顶，例行公事般地草草吃了几口完事。

上午 10 时，疲惫的泰戈尔又被送到学校，在学校里一直要关到下午 16 时。下午 16 时 30 分，泰戈尔终于从学校中解脱出来，回到了家中。

体操教师已在等待着泰戈尔了。老师先让他做一个小时的双杠练习，于是他要在木头杠子上上下下不断翻动。还未等到体操课结束，图画教师又已经来了。傍晚时分，刚刚吃过晚饭，英文课又开始了。晚上 19 时，数学老师准时出现了，泰戈尔手拿书本和演算石板，在老师的指导下开始解习算术、代数和几何习题，直至晚上 21 时 30 分。

由于一天过分地紧张，小孩子已是困不可当，以致在昏黄的油灯下念书时便禁不住瞌睡频频，时而进入梦乡，时而又猛然惊醒，其实课本上的内容大都遗失在睡梦中了。

沉重的学业负担使得泰戈尔很少感到童年的欢乐。西方有一位哲人说过这样的话：“小孩子的工作就是游戏。”可是泰戈尔却被过早地投入到繁重的课业中去了。

尽管家庭教育比起学校教育更为有效，为泰戈尔日后多方面的兴趣和才能奠定了良好基础，但他却失去了许多童年应该有的乐趣。因此，泰戈尔终生厌恶无趣的教育，称之为“残酷的折磨”。

泰戈尔在后来的《回忆录》里有这样令人读来心酸的话：

书本告诉我们，火的发现是人类最大的发现之一。我不想反驳这个。但是我忍不住想到，小鸟是多么幸福，因为它们的父母晚上不能点灯，它们在清早上语言课，你一定注意到它们诵读的时候是如何地高兴。当然，我们不应当忘记它们是不必学英语的。

泰戈尔后来之所以持续不断地探索教育问题，这与他童年时代所经受的这种残酷的教育有很大关系。不过，在儿童时代中，有一件事给泰戈尔带来过极大的快乐，那就是 8 岁时他写了自己的第一首诗。

有一天，比泰戈尔大 8 岁的堂兄乔迪要他写诗玩，照乔迪的说法，世上没有比写诗更容易的事了，只要有一个个的字填入 14 个音节的模式里，一首诗就成了。于是泰戈尔也就依法炮制，果然他的第一首诗就诞生了。

诗人后来追忆道：

立刻一朵 14 个音节诗句的莲花就开放了，而且有蜜蜂飞了上来。诗人与我之间的距离开始消失了，从那时起就一直消失下去。

就在经历过这次偶然的“游戏”之后，小泰戈尔感到生活中突然有一扇快乐之门向他打开了。小泰戈尔简直着了迷：他拿着一个写满自己诗句的蓝色笔记本，不断地到处找人请教。

小泰戈尔很快地被人们视为一个小诗人，他在家中常常朗诵自己的诗，家人都为年仅 8 岁的小诗人感到骄傲。

有一回，小泰戈尔写了一首诗，大意是这样的：在水面上漂浮着一朵可爱的莲花，有人为了采摘它，跳进河中游泳过去，可是莲花却被他激起的波浪越推越远，无奈的人永远不能得到那美丽的莲花。

长辈们听了这首诗后，都夸奖这个小孩有着与生俱来的诗才。

后来，小泰戈尔会写诗这件事传到了老师的耳中。

一天，老师唤来小泰戈尔，要他以一句名言为题材写一首诗，第二天，小泰戈尔就拿出了他写的诗稿，并遵照老师的意见当场朗读给他的同学们听。但是，这首诗令所有在场的学生嫉妒或猜疑，被大家认定是抄袭之作。这首诗不但没能成为小泰戈尔确有天才的明证，反而让他蒙受了冤屈。

授圣线仪式

在小泰戈尔的童年生活经历中，曾经有一件让他终生难忘的事，这件事在他今后的人生历程中，起着至关重要的作用。那是1872的冬季，父亲从喜马拉雅山云游归来了，他以祭司的身份，在家中为自己的3个孩子举行了授圣线的仪式，当然其中就有泰戈尔一个。

泰戈尔当时已经12岁了。有一天，爸爸郑重地把小泰戈尔叫到他跟前，和蔼地说："快过来！爸爸的乖儿子，明天爸爸要亲自为你举行授圣线仪式，你愿意吗？"

泰戈尔一听说爸爸要为他授圣线了，心里简直乐开了花。他欢天喜地地一下子跳了起来，搂着爸爸的脖子又喊又叫："爸爸！我愿意！我愿意！"

原来，在印度经常可以看见一些男人手腕上戴着白色的线圈，这就是印度教高贵种姓男人佩戴的圣线。

戴上圣线就证明你是个高贵种姓的人，也在向人们证明戴圣线的男孩子们已经长大成人。按照教规，在印度，当时只许婆罗门、刹帝利和吠舍这3个种姓的男孩子佩戴圣线，首陀罗种姓的贱民是不准佩戴圣线的，因为圣线象征着无上的荣耀与高贵。

泰戈尔出身于婆罗门，他盼望佩戴圣线已经很久了。只是爸爸经常不在家，他的希望总是成了泡影。

有一天，泰戈尔看见堂哥乔迪的手腕上戴着圣线，真是羡慕极了！他自己也偷偷地在手腕上缠上了绒线，并开心地手舞足蹈。

他看见了乔迪，高兴地叫喊着："快看哪，我也佩戴上圣线啦，我也是个大人啦！"

乔迪哥哥拉着脸对泰戈尔说道："你自己佩戴的圣线不算数。你得赶紧撸下来，不然叫大人们看见，是要骂你违反教规的，而且还要受惩罚呢！"

泰戈尔一下子受到了打击，不得不含着眼泪摘下了那根向往已久的线绳……

盼望已久的美好时刻终于来临了。

听到爸爸亲自告诉他的好消息，泰戈尔乐不可支，急忙跑回到自己的房间，三下两下就脱光了衣服，钻进了圣水池里去沐浴。

在圣水池里泰戈尔整整泡了一个下午，直至日落黄昏才爬了上来。

当天晚上，泰戈尔兴奋得睡不着觉，头脑里想象着戴圣线的情景。他望着窗户外夜空中闪烁的繁星，格外激动。直到天都快亮了，他才在不知不觉中睡着了。他梦见了自己和两个哥哥庄严地佩戴完圣线，从屋子里跑出院子，又从家里跑到大街，又从大街跑到了学校。一路上，他们高举着手腕让大家看，高呼着："我们佩戴圣线啦！我们长大成人啦！"

街上的行人、学校的老师和学生们，看到他们戴上了圣线，都投来羡慕的目光。

喊着喊着，他忽然觉得耳边有人在叫自己的名字。

"谁?!"泰戈尔听到有人呼叫，"噌"地一下子从床上坐起来。

原来是卡拉什在叫泰戈尔起床呢。泰戈尔赶忙跳下床，洗了洗脸，迅速地穿好衣服，飞也似地朝祭神的白楼跑过去。

爸爸和两个哥哥早已在三楼的一个祭祀房间里等候泰戈尔了。泰戈尔一到，代温德拉纳特便以祭司的身份主持授圣线仪式。

他和蔼地对孩子们说："我可爱的孩子们，今天我为你们授圣线了，戴上圣线就标志着你们已长大成人，愿你们个个成为泰戈尔家族的优秀子孙！"

他接着嘱告："孩子们，你们要当婆罗门教的忠实教徒，要遵守教规，熟读教门三大圣典：《吠陀》、《奥义书》和《薄伽梵歌》。要信仰'梵我同一'、'吠陀天启'、'业报轮回'和'解脱'的教义真理。首先让我为你们剃度！"

大圣人先后为3个孩子剃光了头发，然后又把金耳环戴在他们耳朵上。这一切做完后就把他们三个一起关在一个房间里面诵经，并且祈祷。这样做的目的是让孩子们在冥思苦想中感受世界的奥秘。孩子们被整整关了3天时间。3天过去了，天真活泼的孩子们一下子变大了。

圣歌的美妙韵律，深深打动着、震撼着泰戈尔的心，这使他更深一步理解了圣歌深奥的象征和比喻，对他以后写作诗歌起到了极大的促进作用。

3天后，泰戈尔的爸爸分别为3个孩子戴上了棉质的圣线。从此，3个孩子在人们的眼里已成为大人。

喜马拉雅之旅

泰戈尔 12 岁那年，父亲为他主持了成人仪式。仪式举行后，父亲问他愿不愿意跟他一起去喜马拉雅山旅游。泰戈尔听了欣喜若狂，高兴得几乎要跳起来了。

在他美好的心灵里，喜马拉雅山是神奇的大自然的杰作，是他心中的神圣之地，它有无数奇美的传说和故事。凡人是不可能登上这座高插云霄的神峰的，只有像爸爸一样的圣人英雄才能去游览仙境。

如今，刚满 12 岁的泰戈尔就要去那里做一次拜访了，而且是同他的受人尊敬的父亲一道前行，怎么不令他心花怒放呢？

在准备出游的那两三天日子里，泰戈尔的兴奋和快乐是难以用语言来形容的。他有生以来第一次得到同时缝制 5 套新衣新帽的待遇，此外，还有许多“第一次”也同时降临到他的头上。出发的时候终于来到了，穿戴着新衣新帽的泰戈尔随父亲一道，踏上了生平第一次长途旅行的征程。

泰戈尔与父亲到达的第一站宿营地是桑地尼克坦，这里离加尔各答西部不远。泰戈尔的父亲大圣人因喜欢这四周的风景而买下这块地，修建了花园和住宅，并为它取了一个吉祥、动听的名字。那里空旷无涯，广阔的原野、坦露的荒地，还有那错落有致的沟沟壑壑，在蓝天白云之下，像是一幅浓墨重彩的大油画。

这里离加尔各答西部不远，当少年泰戈尔初次来到这里时，他怎么也不会想到日后这里会成为一所有国际影响的学府，更不会想到今后他自己的创作生涯和生命中的大部分时光也要在这里度过。

这个名叫桑地尼克坦的小山村，犹如世外桃源一般，处于喜马拉雅山的南麓。壮丽的景色深深感染了泰戈尔，他第一次获得了在空旷的大自然里自由遨游的乐趣。

在桑地尼克坦的日子里，泰戈尔终于可以在没有人看管的情况下自由自在地四处游荡了，白天，他或是在空旷的原野上那些被雨水冲开的深沟附近游玩，收集一些奇形怪状的石子；或是在花园中试图挖一个水塘终于又半途而废；或者在峡谷中寻找奔涌的清泉，观看鱼儿在水中游戏。他不知疲倦地在各个地方走来走去。

桑地尼克坦附近的广袤荒野那时是不毛之地，然而泰戈尔总感到他和它是那么亲近，他后来在一首诗中称桑地尼克坦是他的“蛰居在心灵上的情人”。

泰戈尔后来回忆起当时到达桑地尼克坦时的情景时这样写道：

> 我们抵达浦尔普尔时，已是黄昏时分。我坐进轿子，眼就闭上了。我想把整个奇妙的景象保留下来，以便在晨光中再把它揭开，摆在我清醒的眼前。我怕经过的新鲜色彩，会被在黄昏微明中所得的不完美的一瞥破坏。

在那里，父亲给了泰戈尔自由活动的权利，却并没有放纵他。白天，他帮泰戈尔选读梵语、孟加拉语和英语的文学作品，夜晚，父亲还指着星空给泰戈尔讲解天文知识。

为了培养孩子的责任心和勤俭的生活习惯，父亲还给泰戈尔一些零钱，让他管理，同时还要他计算每日的开销并记录账目。

每天清晨，父子一道出去散步，父亲总让儿子把钱施舍给路上遇见的乞丐。

尽管小孩子在计算钱币上并不总是正确无误，甚至把他的金表发条上得过紧以至要拿到店里去修理，但父亲从来没有斥责过泰戈尔。

泰戈尔的父亲喜欢读书，他随身带着不少书籍。不仅如此，父亲还鼓励幼子练习用梵文写作。

后来，泰戈尔想起自己当时用从梵文学来的词汇，构成夸张的复合字句，“带着许许多多响亮的造成一种妖魔般混杂的神仙语言”。但是，父亲从来没有嘲笑泰戈尔的鲁莽。

与此同时，小泰戈尔也开始读《普通大文学》这本书，父亲用浅显的语言解释过之后，泰戈尔自己就用孟加拉文记录下来。

也就是在桑地尼克坦，未来的大诗人趴在一棵小枣树下，写出了自己的第一部诗剧，内容是有关民间传说中纳兰什·帕勒塔维这个伟大的印度君王的故事。剧本写在一个笔记本上，后来这个本子却遗失了。

离开了桑地尼克坦，父子俩在途中又在许多地方稍作停留，然后在阿姆利则这个大城市停下了。阿姆利则的金庙给泰戈尔留下了深刻印象。

清晨，泰戈尔陪着父亲到一个有名的寺庙中去听经或唱赞颂歌。到了夜晚，泰戈尔则被父亲唤来唱各种曲调的歌曲。在阿姆利则逗留了一个来月的时间，阳春 4 月，他们终于开始了前往喜马拉雅山的最后一段行程。

此行的最后的目的地是德尔豪杰，它位于海拔约 2000 多米的高地，在喜马拉雅山的东坡，那儿是一个避暑别墅集中的市镇。

在平原地区已是初夏季节，但在山间夏日还未来临，正是一片大好春光。

每天清晨，泰戈尔都跟随着父亲一道起身。当他们坐着轿子上山时，泰戈尔只觉得在那高台一般的山坡上，都被春花的绚丽色彩给照亮了。从未见过这么美妙的晨景，泰戈尔马上被眼前的瑰丽景色迷住了，从此，他更加热爱大自然。

当长大以后，泰戈尔回忆起当年的情景时，曾用优美生动的笔调写道：

> 山路转入一个山峡，林深树密，树荫下流出涓涓的清泉，就像茅庵中的小女儿，在沉思的白发隐士脚边游戏着，从黝黑的覆满青苔的岩石上轻轻走过。

泰戈尔和父亲继续向着喜马拉雅山进发。当他们抵达喜马拉雅山麓时已是阳春时节，但是山区的春天却是姗姗来迟。他们在一处空地上，吃了点东西，喝了点水，稍事休息之后，便向海拔 7000 多米的德尔豪杰峰攀登了。

清晨，泰戈尔又和父亲一道起身。山区的早晨，空气格外清新，行在山间的人们会瞬间感觉到灵魂都似乎被净化。泰戈尔被这世外桃源般的景色深深地陶醉了。眼睛“整天都不休息，唯恐漏掉什么东西”。

在攀登的途中，他们要经过几个营地，他们或步行、或骑马、或坐轿。山路两旁，古松参天，春花初绽，云飞雾绕，鸟语声声，皑皑白雪在峰顶闪烁，山路自下盘旋而上，沟壑万丈，层林叠翠。

这一切对泰戈尔来说都宛如天堂，他闻所未闻，见所未见，一颗好奇和探索的童心完全陶醉在这山区的美景之中了。

泰戈尔和父亲到达德尔豪杰峰后，住在自己早已购置的小屋里。每当太阳从东方的峰岭喷射出万道金光时，他们早已在户外散步了，然后回到屋里读一小时英文，读完就到冰凉的水里沐浴。

下午仍是读书，讨论宗教问题，晚上则是坐在星空下，听父亲讲天文知识，欣赏高山美丽迷人的夜色。父子俩在那里整整度过了4个月的旅游生活。

泰戈尔的房间在房子的顶头，晚上，当他躺在床上，透过窗户就可以望见遥远的雪峰在星光中朦胧地显现。白天，泰戈尔可以任意漫游，欣赏着那冰雪皑皑的群山、深不见底的悬崖峡谷、茂密高大的树林、山顶高悬的瀑布和山中喧闹的流泉。

在泰戈尔的房子下面不远，有一处长着翠绿色雪松的山林，泰戈尔后来回忆起这座山林时写道：

> 我总是拿着一根镶着铁头的棍子，独自走进这山林里去。
>
> 这个庄严的森林的高影像许多巨人在矗立着——这许多世纪他们度过了多么美妙的生活啊！而在几天之前才来的孩子，居然能够无碍地游戏在它们的周围。
>
> 我走进森林的阴影里，就仿佛感到一个妖魔的存在，就像有一只太古的蜥蜴，发霉的树叶落在地上的斑状的光和影，就像它的鳞甲。

在每日漫游之余，泰戈尔还要遵从父亲的严格安排，清晨背诵梵文，早祷后一起喝牛奶，听父亲诵读《奥义书》经文，然后父子两人和仆人们一道去散步，接下来是读一小时的英文，之后是冰凉的冷水浴，午饭后和晚上还要做一定时间的功课。

在与父亲外出旅行、同行同住的日子里，泰戈尔更多地了解了自己的父亲。听父亲讲述他的经历，讲他步行和骑马漫游的险遇，讲他怎样洗那让人难耐的冷水浴，讲他青年时代的笑话。后来，泰戈尔这样满怀着深情地赞扬自己的父亲：

当我拿着棍子从这峰跑到那峰，父亲并不反对。我觉察到父亲一辈子也没有妨碍过我的自主。有好几次我的言行都不合乎他的口味和判断，他只用一句话就可以阻止我，但他宁愿等待我的自制的提醒。

他不满足于我们驯服地接受正确的规范；他愿意我们全心全意地喜爱真理，他晓得只有顺从而没有爱是空虚的。他也晓得，真理如果丢掉了，还可以找到，但是勉强或是盲目地从外面接受了真理，实际上是把进入的门路拦住了。

同他允许我们在山上随意漫游一样，在寻求真理上他也让我自己选择道路。他并没有为我有做错事的危险而踌躇，他也不为我有遇到忧苦的可能而恐惧。他举起的是一个标准，而不是一根训练人的棍子。

这是充满理性的回顾和评价，也是对这种教育方法的一种赞同。泰戈尔幼年时期，在他父亲的严格而理性的教育下，经受了一定的磨炼，也养成了很多好习惯，这一切让他终生受益。

逃脱了学校枯燥无味的生活，之后的这几个月，不仅使泰戈尔身体健康、精神愉快，更使他在实际生活中得到了锻炼。他不仅了解了外面的世界，也增长了许多知识。在泰戈尔的心目中，喜马拉雅山之行是他童年时代一段最幸福最完美最难忘的日子。这段美好的时光给了正在成长的少年泰戈尔以深刻的印象，是他真正的启蒙教育，并成为他日后创作的丰富源泉。

游览名胜古迹、长途跋涉、按时诵诗读书，对于一个文学家的童年生活来说，其意义是极其深远的。这不仅仅是一段快乐而奇妙的时光，更是一种受益匪浅的经历。一般情况，这种潜移默化的熏陶，往往在一个人成人后越来越显现出来。

如果不是有这样一个聪明而理性的父亲给他的生活和学习以良好的规划；如果不是他从小就让泰戈尔亲身体验人生的各种经历和锻炼；如果不是他适时地引导儿子，去领略大自然的奥秘和人文的胜迹，印度就可能不会出现泰戈尔这样一个享誉世界文坛的伟大的文学家了。

从此，这次难忘的旅游使泰戈尔和喜马拉雅山结下了不解之缘，并留给他许多终生难忘的美好记忆。

后来，泰戈尔曾经怀着无限的、深深的眷恋，多次去攀登喜马拉雅山。1916 年出版的泰戈尔诗集《飞鹤》，就真实地记录了他那时这些游览活动的感受。

泰戈尔的生活已经与桑地尼克坦紧密地联系在一起，他通过在那里的许多实验活动，扩大和增进了对自己所热爱的大自然的亲近感，饱览了美丽的自然风光，熟悉了普通人民的生活情形，这对他的诗歌创作产生了极为深远的影响。

热爱自由的孩子

从喜马拉雅山旅行归来之后，泰戈尔在家庭中的地位提高了。在家人的眼里，泰戈尔见过大世面了，而且是同远近闻名的大圣人爸爸一起登的山，仆人和孩子们十分羡慕他，泰戈尔一下子成了整个家庭中的焦点人物。

这样，泰戈尔初次尝到了受人尊敬与宠爱的滋味。小诗人以往受到的“仆人统治”的严厉的绳索不见了，以往所没有的自主权现在也增多了。这个昔日在学校和家中备受管制和束缚的学童，转眼之间就成了凯旋的少年英雄。

泰戈尔暗地纳闷儿：“奇怪呀，为什么从喜马拉雅山回来，我就好像被人重视了呢？我可以随便从外院出入内院，而且内院的人聚集在大总管妈妈房里时，人们为啥会给我留个座位呢？这是以前从来没有的呀！”

泰戈尔后来这样说：“当我到家的时候，不但是旅行归来，而且是从下房的流放，回到我内院应有的地位上去。当内院的家人聚集在母亲房里的时候，现在也有了我的一个很高的座位。”

内院是印度传统家庭里妇女们居住与活动的场所，相当于中国的闺阁绣楼，女眷们常常拥到这悠闲而又深幽的地方，进行着令不得入内的男孩子们无从了解的交谈，享受自己的身为女子的快乐而不必去向任何人汇报。

泰戈尔一直非常羡慕自己的姊妹可以不必因功课不好而遭到家庭教师的惩罚，而在男孩子们必须去学校上课时，她们却能径直走到内院里去。因此，在泰戈尔的想象中，内院是个安静而又快乐的避风港，充满着神秘的气氛。

泰戈尔后来说："内院离我还很遥远的日子里，它是我想象的乐土。内院，从外面看去是个草地，对于我却是一个自由之家。"

喜马拉雅山之行仿佛为泰戈尔镀了金，他向往已久的内院对他开放了，而他自己也像古代故事中骄傲的小孔雀，成为露天会议中重要的主讲人了。

想表现自己和想得到母亲和女眷们的欢心的愿望，使得泰戈尔的演讲才能发挥得淋漓尽致：他背诵孟加拉文法书中的诗句，讲解天文学中的一些知识，例如太阳比地球大得多的理由，并在只懂孟加拉文的妇女们中间，高声朗读梵文的《罗摩衍那》，尽管他自己有时也没有十足的把握。此时泰戈尔简直像一个无所不知的大学者了！

善良的母亲深以小儿子自豪，常常让泰戈尔给大家朗诵梵文诗句。

来自内院的众口一词的赞扬使得这只美丽的小孔雀兴奋不已，同时，尝过自由滋味的少年对教育的种种禁锢和束缚也更加难以忍受了。

正是在这个时期，教他梵语和孟加拉语的家庭教师改变以往的教学方法，一边领小泰戈尔读迦梨陀娑的《战神的诞生》，一边翻译出来；他还给小泰戈尔读英国文艺复兴时期的伟大作家莎士比亚的著名悲剧《麦克白》，并在用孟加拉语解释诗剧后，让泰戈尔把每天所读的内容全部用孟加拉文诗句翻译出来。

如今，这个译本大部分已经遗失了，从残存的部分看，已经显示出翻译者对于习惯用语和韵律的把握达到相当的水平，而这竟出自一个未满 14 岁的少年之手，不能不令人惊讶。

同时，他读书的热情越发高涨，他如饥似渴地阅读大量书籍，广泛涉猎了包括文学、历史、社会和自然科学等各方面的书籍杂志。

从喜马拉雅山归来之后，泰戈尔从英国普通学校转到孟加拉中学读书。此时，泰戈尔对学校教育已感到无法忍受，他想尽一切方法来逃避学校生活。后来，家人便把他送到圣泽维尔中学，这已是他就读的第四所学校了。可是，这里的空气同别处一样凝滞乏味，并且还固守宗教习俗。

泰戈尔后来回忆起当时的教育时称它为“机器推动的磨石式的”教育，他说：“这个教育机器是无情而有力，再加上宗教的外面形式的石磨，年轻的心就真正地被碾干了。”

但是他还记得这所学校里有一位西班牙神父，他那沉静的心灵，宽容的态度，令泰戈尔对他抱以深深的同情。有一次，这位神父温和地询问他是不是有些不舒服时，泰戈尔感到心中有一股被人关心的温暖，并且，他对此终生不忘。

泰戈尔在加尔各答先后进过东方学院、师范学院，并在孟加拉学院读书，但都没有完成学业。虽然他对这些学校都不喜欢，但他在长兄和姐姐的监督下受到良好的教育。

泰戈尔厌恶那种无视个性的教育制度，厌恶远离自然的、牢笼般的教室，对教师的敌意态度和野蛮体罚更不能容忍。他喜欢的是校外的花园、池塘、春天和白云。他后来致力于教育革新，与此不无关系。

1875 年，14 岁的泰戈尔终于不愿意上学了。家人们对他作了一段时间的劝说后，也感到无能为力了，于是便不再责备他。若干年以后，泰戈尔在《回忆录》中写道：

有一天，我的大姐说：“我们都希望泰戈尔会长大成人，他使得我们大大地失望了。”

我感到我的价值在社会上显著地下降了。但是我不能下定决心去被拴在学校磨坊的无尽折磨上。

这和一切生活永远分离的学校磨坊，就像是一个可恨的残酷的医院和监狱的混合物。

父亲了解泰戈尔的心情，并不强迫他去学校，请人在家里教他。他跟着老师学习生物学、物理学、几何学、历史、音乐以及英国文学等。他读了不少诗歌，对诗歌的兴趣一天天浓厚起来。

摆脱学校教育的樊笼以后，泰戈尔并没有停止学习，他天性中爱读书和写作的才华逐渐显露出来。

1873 年，他写了自己的第一部长诗《心愿》，刊登在他们家里办的《哲学教育》杂志上，不过作品并未署作者的名字，只是由编辑加了一个小注：12 岁少年的作品。

这是泰戈尔诗歌创作的最早的文字记载。

少年泰戈尔并没有虚度自己的光阴，这个钟情于艺术的孩子，读书的热情越来越高涨，他贪婪地阅读所有能得到的各种文学作品：孟加拉古典文学著作、英国文学和梵文文学作品、传奇文学、民间神话故事、社会科学书籍、历史著作、自然科学读物，此外，还有反映思想和文化最新时尚的英语和孟加拉语杂志。

深受家庭影响

虽然泰戈尔生性自由，厌恶刻板的学校生活，没有完成学校的正规学习课程。但他喜欢学习，他的知识主要来源于父兄的影响和家庭教师的耳提面命，以及自己的广泛阅读。

在泰戈尔的成长过程中，除了受到父亲的影响外，几个哥哥也给他以不少良好的教益。

泰戈尔的大哥德威金德拉纳特那时正在动笔写他的传世诗作《梦游记》，并且喜爱解数学难题，钻研玄学。

二哥萨迪延德拉纳特在孟买的英国驻印政府中做官，他勇于破除旧俗，带着妻子一同上任，并且准许妻子的房间不用帘幕，出门不戴面纱，还让她设计好出门的衣服，这在当时真是惊世骇俗之举。

五哥乔蒂林德拉纳特是泰戈尔少年时代主要的教育者，他在工作之余创作戏剧，弹奏钢琴，作曲唱歌，为整个家庭营造了浓厚的文化氛围。他还带着自己最小的弟弟一同到孟加拉东北部旅行，在那里他教泰戈尔骑术，并一起骑着大象到密林中去打猎，其间有两次捕虎的经历深深地印在了泰戈尔的心中。

泰戈尔长大后忆起这些敬爱的兄长时，心里总是满怀着感激之情。

泰戈尔家庭的妇女中，母亲和大姐给了他许多关怀和爱，不过，泰戈尔对几位嫂嫂怀有的感激之情，其程度甚至超过了他对母亲和姐姐的那份情感。

在英国求学时，泰戈尔住在二哥家，可以说与二嫂在一起生活的时间比与家中任何一位女性都要长。不过，泰戈尔心中最喜爱的嫂嫂是三哥的妻子迦澄波俐。

他们年龄相近，从目睹三嫂进入家门做新嫁娘，到后来常常品尝三嫂所做的美味佳肴，再加上他们对文学和艺术的共同爱好，这些都使得泰戈尔对三嫂十分眷恋。

迦澄波俐姿容姣好，性情宽厚仁慈，而且十分优雅娴静，是她给了泰戈尔友善的关怀，鼓励他天才的发展，驯化他骄傲和散漫的缺点，消除他的孤独和羞怯，并在他这个小弟弟身上倾注了她全部的爱。

她既像他的母亲，又是他真正的朋友。正因为如此，泰戈尔一直把她视为自己理想中的美好女性的化身。

1876 年 3 月 8 日，泰戈尔还只有 15 岁的时候，他的母亲与世长辞。他第一次经历了人生的生离死别。母亲是在夜间人们安歇的时候悄悄离开人世的。当时，泰戈尔正在梦中，忽然被奶奶的哭声吵醒，她老泪纵横，边哭边跑说道：“天啊，我的孩子，一切都完了！”

早晨，泰戈尔看见院子里放着一张床，母亲安详地躺在上边，像是熟睡了一样。他好像并没有明白究竟发生了什么事，一个人的死意味着什么。直至当他随着大人们一起去火葬场时，他才相信母亲真的再也不会回来了。一场撕肝裂肺的悲痛涌上心头。

倘若这时候没有三嫂迦澄波俐的爱抚，那么就很难想象，这种落在一个少年头上的痛苦会给他带来多么深重的不良影响。

三嫂把家庭营造得舒适、优雅而又温馨，这使泰戈尔觉得，和三嫂在一起的那些美好岁月，是他一生中最愉悦、最安宁的时光。因此当她在 25 岁那年不幸去世时，泰戈尔感到格外的悲伤。

不仅如此，这个大家庭的成员几乎个个都是多才多艺的艺术家或艺术爱好者。他们中有学者，有音乐家、哲学家，还有诗人、作家。他们自己编演戏剧，自己编辑出版文学读物，还常召开小型的家庭音乐会。

在富有天分的兄长姊妹们、爱好文艺的嫂嫂以及其他家人的亲切呵护与鼓舞之下，原来只是远远观望别人演出、静静聆听别人谈话的少年泰戈尔，心中的诗歌也含苞欲放。

19 世纪的七八十年代，正值孟加拉文学开始伟大的文艺复兴的时代，泰戈尔的家庭是思想开明而又洋溢着艺术气息和爱国精神的大家庭，他们率先倡导了服装、文学、音乐、美术和戏曲上的民族精神。他们全家都热爱传统的民族文化，这个家庭很快就成为当时孟加拉文艺复兴时代的先行者和倡导者的集散地，也成了当时社团活动和集会的中心。热心社会改革的人们常常在这里聚会，一起商讨国家大事。

当时的印度，正处于英国的统治之下，所以，来自西方的异国风俗早已传至社会生活中的每个角落。但是泰戈尔的家庭中，却永远充满着无可动摇的民族自豪感。

泰戈尔追忆说："我父亲在他一生的革命浮沉之中，从来没有舍弃过他对于国家的衷心热爱；这种对国家的衷心热爱在他的子孙中就形成强烈的爱国感情。我的哥哥们总在培养孟加拉文学。"

1876 年 2 月，加尔各答市一年一度的"印度节"开幕了。在热闹的节日中，少年泰戈尔正在台上朗诵自己创作的诗歌，诗中洋溢着反对殖民主义和热爱祖国的情绪。

他上身穿一件紧袖的白衬衫，一条小西裤裤线笔直，脖子上系红领带，打着一个黑色的蝴蝶结。

中分式小头发抹着发油，梳得锃亮溜光。泰戈尔精神的面孔、嘹亮的嗓音、琅琅的童声，使热闹的节日沸腾了。

"这是谁家的小少爷，诗歌写得这么出众？人长得这样神气？"

"嘿，那不是大圣人的小公子泰戈尔吗！那可是个了不起的小天才呀！"

随着泰戈尔抑扬顿挫的朗诵，掌声此起彼伏，整个印度节轰动啦！泰戈尔的名字传遍人群，少年诗人的才华惊动加尔各答文坛。老诗人都竖起拇指夸奖泰戈尔："大圣人的儿子真了不起，龙生龙，凤生凤，泰戈尔家族的后代个个有灵性!"

这首爱国诗发表在孟加拉语和英语的双语周刊上。泰戈尔一炮打响，名扬加尔各答市，人们称他为"少年的小诗魁"!

泰戈尔成了孩子们心中的"诗歌王子"，也成了文学少年心中的"小偶像"!

不久，泰戈尔又以一首长诗震撼了全印度的文坛和诗坛。

泰戈尔在《知识幼苗》文学杂志上发表了叙事长诗《野花》。全诗分为8章。1600行诗句，泰戈尔写了整整一个星期。

长诗讲述了这样一个动人的故事：名叫卡姆拉的女孩自幼在喜马拉雅山中由父亲抚养，她在山野中嬉戏长大，也是大自然哺育的女儿。父亲的去世使女孩子成了孤儿。

有一天，过路的青年遇见美丽的卡姆拉，便把她带回家里并与她成婚。然而早已倾心于群山密林的卡姆拉，并不喜欢喧嚣的世俗社会，而且还偷偷地爱上了丈夫的一位诗人朋友，并天真坦诚地倾诉了自己的爱情。

可是诗人虽也暗中思恋着她，却震惊于她不容于世俗的率真，责怪了她。即使如此，疑忌的丈夫还是杀害了年轻的诗人。卡姆拉的心碎了，她离开了丈夫和阴暗的社会，终于回到了心仪已久的喜马拉雅山区。然而，已经深知人世间爱情的卡姆拉却再也不能在孤独的林居生活中寻回昔日的乐趣，她只有投身于山谷间奔腾的激流，舍弃了自己年轻的生命。

波浪就宛如母亲的臂膀，将姑娘拥抱在自己的怀中。这朵生长于山林的纯洁美好的野花，被人采摘之后，她的生命就永远地枯萎了。

这是一首浪漫的爱情诗，主人公卡拉姆这个大山里山女的命运，深深地打动了广大读者，人们对少年诗魁泰戈尔更是佩服得五体投地。

年会上的英俊少年

1877 年，泰戈尔在创作上取得更多成果。这年是“印度教协会”年，由泰戈尔的父亲主办。他父亲把这次年会办得很圆满。

盛会上，泰戈尔穿着雪白的长衫，英俊倜傥。他明亮的双眸炯炯有神，散发着与众不同的气质。泰戈尔手捧着诗稿，自信地站在台上，朗诵他献给年会的讽刺诗《给印度教徒庙会》。

泰戈尔用犀利的文笔揭露了印度尸横遍野、民不聊生的惨状。又对比王宫中新总督豪华的宴会，抨击社会的不公平，表现了一位少年诗人爱憎分明的立场。

全场的人都为泰戈尔的勇敢热烈地鼓掌。

这次年会后，他的创作灵感一发不可收，写出大量的作品。他还在大哥创办的《婆罗蒂》文学月刊中刊登了许多作品。

泰戈尔的作品包括，第一个短篇小说《女乞丐》、未完成的长篇小说《怜悯》、自由格律的历史诗剧《罗帕尔琼德》和长篇叙事诗《诗人的故事》。还有一组模仿古典风格的《太阳组歌》，以及其他诗歌、论文、

西方文学的译文和评论等都在《婆罗蒂》上刊登过。

还有一首长诗《诗人的故事》，它与《野花》的题材相近。

诗中讲述一个名叫雪莱的诗人陶醉于大自然的奥妙。当成长的烦恼来临，他希望与人交往，因为“人心一直在探索人心”。一次偶然的机会，他邂逅了温柔美丽的少女纳莉妮，并与她生活在一起。

然而，爱情的游戏并不能让雪莱长时间地沉醉，他又深感不安地离开了爱人，四处漂泊，寻求未知的幸福。

后来，雪莱双手空空绝望而归，发现纳莉妮已被折磨得气若游丝。雪莱这时才恍然明白：自己千辛万苦寻觅的幸福正是纳莉妮的爱，可一切为时已晚。

少女死了，只剩下诗人沉湎于对人类与爱的思索中。毫无疑问，对英国浪漫主义诗人尤其是对雪莱和济慈的学习，使得泰戈尔的这部长诗带有英国浪漫派特色。

而在泰戈尔化名帕奴辛赫写的模仿15世纪风格而创作的《帕奴辛赫诗选》中，可以看出中世纪毗湿奴宗派虔诚诗对少年诗人的影响印痕。

尽管泰戈尔对这个中古时代崇拜偶像的宗教并无深入了解，但是在诗歌中洋溢的那些丰富的感情，奔放大胆的韵律，使这本书受到读者的热烈欢迎。

虽然泰戈尔后来感到《诗人的故事》所表达的情感带有夸张的意味，但他却情有独钟早年作品中的这组《帕奴辛赫诗选》，并将其收入自己的作品集。

少年时代的泰戈尔在努力学习中世纪的毗湿奴诗歌、梵文古典文学和西方文学作品的时候，也正在执著地探索着自己未来文学创作的风格与形式。

施展才华

信仰是个鸟儿，黎明还是黝黑时，就触着曙光而讴歌了。

——泰戈尔

为出国学习做准备

在那个时代，文学创作并不被大家当做一种职业。为了让泰戈尔有更好的发展机会，经父亲允许，泰戈尔的二哥萨迪延德拉纳特决定带泰戈尔一起去英国，让他在那里学习法律。

1878年，遵照父兄的意愿，18岁的泰戈尔准备到英国留学，出国之前，需要学习英语和英国的风俗习惯。

泰戈尔先同二哥一起前往阿赫默德巴德——他的二哥在那里任地区法官。二哥每天去上班，泰戈尔只好整天在二哥书房里通读英文版的文学作品和欧洲名著，并在那里为《婆罗蒂》杂志写过很多评论文章。

"二哥，我的老师是谁呀？他怎么还不出面呢。"泰戈尔有些着急。

"怎么？着急啦？今晚我们一块去老师家里，你的老师刚从英国回来呀！"

兄弟二人晚上来到二哥说的朋友家。

兄弟俩正和男主人攀谈，突然一阵银铃般的声音从外面传进屋来："爸爸，人家刚回来，您就给我安排工作，我看看我的学生在哪里？"

"爱娜，我的好女儿，你瞧，他就是你的学生，他虽然英语不如你，可写诗你还要向人家学呀！"爱娜的爸爸将泰戈尔介绍给自己的女儿。

"你好，泰戈尔哥哥，你的名字我早已耳闻，以后我们互相学习吧！"望着英俊的少年泰戈尔，爱娜脸上泛起一阵红晕。

“你好！爱娜，我会跟你好好学习英语的！”泰戈尔对这位美丽开朗的少女内心也产生一种好感。

经兄长介绍，泰戈尔住进一位医生的家里，而医生的女儿爱娜，一个与泰戈尔年纪相仿的姑娘成了他的英语老师。

爱娜是一个美丽而又善良的姑娘，她从小在英国长大，曾跟随父亲周游列国，不仅讲得一口流利的英语，而且还熟知英国的风土人情。她与泰戈尔一见如故，把他当做一个可以信赖的朋友。

泰戈尔在爱娜家住了下来，每天都按部就班地向爱娜学习英语，由于天赋聪敏过人，泰戈尔进步非常快。

在辅导泰戈尔学习英语的过程中，爱娜发现他聪慧敏捷，学习提高很快。可是，在学习快结束时，泰戈尔的学习成绩急剧下降，而且心事重重，眼里经常流露出忧郁的目光。

“泰戈尔哥哥，你的爱情诗写得真好，长诗《野花》我已经读过好几遍哩！”学习之余，爱娜主动与泰戈尔交谈。

“爱娜，你也喜欢诗歌吗？”泰戈尔有些腼腆地问。

“是的，我不但喜欢，还想请你教我写诗呢！愿意收下我这个学生吗？”爱娜问泰戈尔。

“我？好吧，我们一块学习吧，其实我也正在练习写诗呀！”

“你就别谦虚啦，快给我点评点评我写的诗吧！”爱娜把几篇诗稿递给了泰戈尔。

“好吧，有时间我会拜读的。”泰戈尔很客气地说。

两个才华横溢的少男少女在共同学习中建立起真挚的友情。

爱娜用心教泰戈尔英语口语，泰戈尔也同爱娜一起研究写诗的技巧。

两个人互相学习，互相长进，学习之余，形影不离。

他们一块在花园老榕树下读诵泰戈尔用英文写的诗歌，在花坛边一起哼唱泰戈尔写的歌曲……

有一个晚上，爱娜约泰戈尔游览阿赫默德巴德市的明月湖。皎洁的月光泼洒在湖心水面上，泛着粼粼银辉，和风习习送来芒果树的浓香。

树影倒映在水波中，莲花在水波中盛开，有一对鸳鸯在水面上游耍，湖岸周围楼房的万家灯火倒映在湖水中，仿佛点点繁星镶嵌在湖底，阿赫默德巴德市的夜景绚丽极啦！

“泰戈尔哥哥，你将来还会来看我吗?”爱娜有些凄楚地问泰戈尔。

“我？啊，我会的！我会的！”泰戈尔整个身心都扑在诗歌上，对爱娜的问题，他只能支支吾吾，含含糊糊地回答，为了自己的事业，少年泰戈尔也不知命运会把他推向哪里……

“我知道泰戈尔哥哥心里在想什么，我不该问你这句不该问的话，走吧泰戈尔哥哥，我们该回去啦！”夜色中，泰戈尔看到爱娜在偷偷地擦眼泪。

这几句话明确地表达了姑娘爱慕的心情。泰戈尔听了，内心一阵激动，他情不自禁地握住姑娘的双手，很想对她倾吐自己的爱意。然而，他一想到自己将远离祖国，一去就得好几年，便怕因此耽误姑娘的青春。

同时，泰戈尔还听二哥说起过，这几天爱娜的父亲正为她准备订婚而忙碌着。泰戈尔迟疑了，终于失去了向姑娘求爱的勇气，给自己留下了一个苦涩的果子。

每逢爱娜看见泰戈尔独自躲在房间想心事，就千方百计地拉他出去散步，或者给他讲一些各国的风俗和趣闻逸事。

有一次，泰戈尔对爱娜说起他两岁时大姐苏达米妮给他洗澡，曾预言他是泰戈尔家族中最有出息的人。

爱娜听了，趁机开导他说：“你要成为一个有出息的人，应当到外面去见见世面，这对你的诗歌写作是大有帮助的。你应当努力去实现你大姐的愿望。”

泰戈尔听了，很受启发，渐渐的，他安下心来了。

在爱娜姑娘精心辅导下，泰戈尔的英语水平提高很快。学习中，两人结下友谊的同时，爱情的种子也在心头萌发了。

6个月的时间很快过去了。分别的时刻也就到来了。

在离别的码头上，诗人向姑娘深深鞠了一躬，深情地说道：“爱娜，再见了，望你珍重！”

这时，泰戈尔突然看见姑娘眼睛里闪烁着晶莹的泪花。泰戈尔真想转身奔向爱娜，向她倾吐心中的眷恋。然而，他终于还是犹豫了。

谁知，泰戈尔与爱娜的这次分别竟成了永别。不久，爱娜被迫出嫁了，对方是一个比她大20多岁的男人。

那人对爱娜根本没有爱情，只把她当做一个生孩子的工具。爱娜终日忧郁、伤感，还常常躲着哭泣，不到一年就在孤独寂寞中死去。

但诗人一直把这份情谊珍藏在心，这是第一个使他动心的少女。“一种如此温柔和真挚的亲密感获得了发展，它在泰戈尔的记忆中烙下了不可磨灭的印记。”在80高龄缅怀这段生活时，泰戈尔写道：

> 我的收获是平淡无奇的，如果她轻视我，是不能责怪她的，然而她没有这样做。由于我没有任何书本知识的宝库可以赠给她，所以第一次见面时，我就告诉她，我会写诗。
>
> 我唯有这点资本可以招徕别人。当我告诉她自己有诗歌创作天才时，她没有表示丝毫的怀疑和讥讽，而是轻易地置信了。
>
> 她要求我给她起个独特的名字，我为她选择了一个，她十分喜欢。我想把这名字编织在自己诗歌的音乐里，所以我为她写了一首诗，把她的名字写进诗里。
>
> 当我用激昂的语调吟诵那首诗给她听时，她说：“诗人，

我想，假如我躺在临终的床榻上，你的歌声也能使我起死回生。”

泰戈尔在与爱娜分手后漫长的人生中，也一直怀念着她那令人心醉的迷人形象，并且在他后来写的《我的童年》中，深情地写下了这样一段文字：

在我们那棵大榕树上，有几年忽然有些不知名的远方鸟儿前来做巢。等到我们刚刚认清它们翅膀的舞蹈时，它们却又飞走了。它们从远方的森林里给我们带来 了一些不知名的新鲜曲调。

像这样，我们在生命的旅程中，往往有从不知名的地上王宫中自愿前来的使者，使我们心胸扩大了以后，它又走到别处去。它来的时候并没有受到我们的邀请，到后来有一天我们要呼唤它时，却又找不到它的踪影了。

它走了，却在我们生命的被单上留下了银色的绣花边，使我们的昼和夜都因此而永远格外丰富起来。

后来这首长诗以单行本出版，泰戈尔最小的哥哥从加尔各答寄给爱娜一本。

爱娜收到了这本小册子，她写信给泰戈尔表示了谢意，说：“这首诗泰戈尔为我朗读了多少遍，翻译了多少次，以致我能够背熟它。”

泰戈尔为爱娜取了个美丽的名字“纳莉妮”，她也成了长篇叙事诗《诗人的故事》里的主人公的名字。泰戈尔经常朗读这首长诗给她听，还为她译成了英语。

她对罗宾德拉纳特·泰戈尔所创作的不少诗歌都给予了鼓励，而她最喜欢的就是纳莉妮这个人物。

在英国求学的生活

1878年9月，少年泰戈尔告别了亲人和故土，乘船去一个陌生的国度——英国伦敦求学。

轮船在海浪中行驶，海鸥在蓝天上飞翔，泰戈尔心情沉重，但旅途中的见闻与感受更令年轻的诗人耳目一新。

尽管航行的前6天他晕船十分厉害，只能无望地躺在船舱中，但是在以后的日子里，许多国家的港口风情，无不给诗人以新鲜的感受。泰戈尔手拿面包，撕成一块块碎渣投向船尾，海鸥在浪花中抢食面包的碎块，它们一会儿俯冲，一会儿飞插云霄。

望着那冲上蓝天的海鸥，泰戈尔真是羡慕极啦！

他也要像海鸥一样展开翅膀自由翱翔，勇敢地搏击狂风恶浪；要像海鸥一样，向一切困难发起冲击！

少年诗人先从意大利坐火车到巴黎，然后渡过英吉利海峡来到了伦敦。

刚到国外旅行和求学，在泰戈尔的心中激起种种感受。泰戈尔将万千思绪写入家书，这些家书连载在《婆罗蒂》杂志上，以后又以《旅欧信札》为题出版。

泰戈尔对伦敦的第一印象并不好，他觉得他从未见过那么烟雾弥漫、潮湿拥挤的城市。

匆匆与伦敦这座城市会面后，泰戈尔就来到了布赖顿，住在二哥家。独在异乡为异客的感觉由于嫂嫂善意热心的款待减轻了不少。

冬天已经来临，泰戈尔与可爱的侄儿纳特和侄女纳莉，一块在公园里看雪嬉闹。

“小叔叔，你给我们堆个雪人呗?”小侄儿纳特说。

“好吧，叔叔给你堆一个红帽子、红鼻子的大雪人儿!”泰戈尔答应了侄儿。

“太好啦！太好啦！好叔叔，叔叔真好!”小纳莉拍着小手天真地夸奖泰戈尔叔叔。

雪人堆成了，泰戈尔用二嫂的红头巾为雪人戴上顶红帽子，用弯曲的红尖椒做了个大红鼻子。

“叔叔，你堆的雪人儿真漂亮，真可爱!”纳特蹦跳着说。

“妈妈！妈妈！快来看，泰戈尔叔叔堆的雪人多可爱呀!”小纳莉拽着妈妈的衣襟围着雪人转。

二嫂望着雪人笑了：“没想到少年诗魁还有这套把戏呢!”泰戈尔耸耸肩膀，开心地笑了!

“叔叔，咱一块玩打雪仗好吗?”小纳特拽着泰戈尔喊叫。

“叔叔！快领我们打雪仗吧!”小纳莉也喊叫。

二嫂从地上抓起个雪块向泰戈尔抛去：“泰戈尔，看打!”

于是，泰戈尔迎战二嫂和两个侄儿，一场雪战开始了。直至二哥从外面回来，雪球大战才结束。大家一块回到暖融融的屋内。

在二哥家这段日子，泰戈尔过得非常快乐。

为了学习法律，泰戈尔进入布赖顿公立学校学习。初次见面时校长夸赞他的面容十分漂亮，友好的同学常把橘子和苹果塞在这个外国少年的口袋中就跑开。这一切无不给身处异乡的泰戈尔带来了温馨的感受。

他向英国的小伙伴讲印度的事儿，英国小朋友也向他介绍英国的事儿，少年泰戈尔增长了不少见识。孩子们经常把泰戈尔领到家中做客，家长们也很喜欢这个异国的孩子。

泰戈尔感到：到处都有友爱和欢乐，到处都应该有友爱和欢乐，整个世界都要充满友谊和欢乐。

然而快乐的生活很快就结束了，泰戈尔被送到伦敦，先是住在一家公寓里，随后又住在一个性格怪僻的家庭教师家。

开始独立生活的泰戈尔在伦敦寒冷的冬天里感到异乡人的孤单和寂寞，他是如此描述那时伦敦冬景的：

> 对于一个新到的异乡人来说，再没有比冬天的伦敦更冷酷的地方了。
>
> 附近的人我一个也不认识，我也不认得路，它的面容是颦蹙的；天空是混浊的；灯光像死人的眼睛一样没有光彩；地平线缩成一团，因为这广大友好的世界从来没有给它一个招呼的微笑。

因此，当二嫂写信来让他前来与全家一起度假时，泰戈尔简直是快乐极了，马上乘车来到二哥家。

“叔叔，叔叔！你来得好快呀！这么多日子不见面，我们好想你呀！”小侄儿纳特围着泰戈尔叫个不停。

“好侄儿，叔叔想你们都想坏啦！瞧，叔叔给你买啥啦？”泰戈尔从包里拿出两盒糖。

“叔叔！我也要！我也要！”侄女纳莉也蹦跳着喊个不停。

“好纳莉，有你的份儿！别急呀！”

“叔叔，你在哪里呀，为啥不回家呀？”纳特问。

“叔叔在伦敦呢！”泰戈尔说。

“叔叔，伦敦好吗？”小纳莉问。

小侄女一句话，触痛了泰戈尔的心，禁不住在二哥、二嫂面前委屈地流下了伤心的眼泪。

“爸爸！爸爸！叔叔为啥掉泪呀？是谁骂叔叔了吗？”纳特着急地问。

哥哥萨迪延德拉纳特看出弟弟心里的委屈："泰戈尔弟弟，人的一生是艰难而又漫长的，有困难就要克服，要有男子汉的脊梁，要有男子汉的气概！有什么难处等度假结束，二哥再帮你想办法，现在我们快上游船吧！让我们全家高高兴兴地玩几天！"

全家人高高兴兴在一起度了假，几天的玩耍驱走了泰戈尔心中的不快！欢天喜地的他在游玩之余，还写了一首诗《沉舟》。

从二哥家归来，泰戈尔进入了伦敦大学，并且寄宿在一个待他十分友好的英国家庭司各特教授的家中，夫妇俩和他们的 3 个女儿都设法款待这个印度少年，把他当做家庭中的一员，其中三女儿玛丽雅对泰戈尔的感情更为深厚。

玛丽雅当时正在伦敦大学读文学系，她每天同泰戈尔一起上学上课，一起放学回家。在功课上他们互助互勉，她陪泰戈尔一起听老师讲精彩的英国文学课。

学习之余，她想尽办法让泰戈尔参观了议会，还陪泰戈尔参观工厂、农村，让他更多地了解社会、了解生活。

他们还一起用英文写诗歌，泰戈尔常常把自己写作的诗歌翻译成英文送给玛丽雅。

玛丽雅也把自己写的英文诗歌送给泰戈尔。少年诗人打心眼里佩服和喜欢这位英国女孩，他写下了充满激情的话：

我精神上享受着欢乐和幸福
来吧，她轻轻向我走来！
近一点，再近一点，
我激动的心渴望把自己深深
埋在你的怀抱里。
但是我很害怕，
害怕有一天可爱的小鸟

随时从我身边飞走。

就在一切似乎都很圆满的时候，由于二哥全家即将回国，而恪守传统的父亲决定不让泰戈尔一人独自留在英国，令他中断学业与兄嫂一起回来。于是1880年2月，泰戈尔告别了依依不舍的司各特一家人，结束了他近一年半的异国生活，回到了故土印度。

在《我的童年》中，泰戈尔这样总结了他的海外求学生涯：

我在大学只念了3个月，我对外国的知识差不多全是靠同人们的接触得来的，这却不是学校式的读书。这是一面了解文学一面又接触了人心。我去了外国，却并没有成为律师。

少年诗人也曾写诗赞美这段求学异国的生活：

我不愿舍弃这美丽的世界，
我愿同光辉的太阳一起，
我愿同盛开的鲜花一起，
我愿同有情谊的人永远
生活在一起。

罕见的音乐天才

1878 年，泰戈尔与哥哥萨迪延德拉纳特同住在阿赫默德巴德期间，便开始为自己写的歌谣谱曲，当时年仅 17 岁。

3 年后，泰戈尔将欧洲的一些曲调运用于他的剧作《蚁垤仙人的天才》中。在以后的几十年，继续进行音乐创作。他以写歌剧开始，60 年以后，意味深长地以创作舞剧结束了音乐生涯。

这样，在音乐与同属一类艺术的舞蹈、戏剧之间保持了延续不断的联系。在内容方面，人生的世态炎凉，大自然的万千气象，无不反映在他的乐曲里。

从巴德玛河、恒河上摆渡的艄公，到井边汲水的姑娘，种稻子的农妇，浪迹四方的歌手，飞梭走线的纺织娘，诗人在凡人琐事中听到了生命的乐章。

泰戈尔的歌曲赞美了春天和雨季。咏唱了与这些季节相联系的小鸟、鲜花和树丛。

人心灵中的种种感觉与激情在这些乐曲中都有表现：爱国主义，宗教信仰，人在面临宇宙的奥秘奇观时所产生的惊叹、感思、希望，尤其是爱，各式各样的爱；母性的，夫妻间的，浪漫的，朋友间的，神秘的，都以各种方式表现在他的乐曲之中。

泰戈尔的音乐天才是罕见的。即便风格接近古典孟拉加曲，泰戈尔的音乐作品，也以其具有诗歌的特色而显得不同凡响。

泰戈尔喜欢欣赏音乐，而且把这看做在追求最高实在过程中的最高奖赏。他将美的感受看得高于纯分析的推理。在各种不同的美的享受中，音乐所提供的享受是最完美的。

泰戈尔写有2000多首歌词，其中绝大部分由他自己谱曲。他的侄孙迪南德拉纳特有敏锐的听力，而且受过全面的乐理基础训练。当诗人哼起一首在他心中就要成形的歌曲时，迪南德拉纳特便把曲调记录下来。

音乐和作曲创作，重要的是语词的声调，如押韵与韵律。语词的意义也必须在艺术方面得到重视，在精神方面提升境界。

迦梨陀娑在谈到一首诗的音、意之间的关系时的一段话，也可用来评论一首歌的曲调与意义：二者唇齿相依，就像大神湿婆与雪山神女一样。

人们有时强调，即便是拿泰戈尔的作品来评价，他基本上也是一位诗人，在他的乐曲中，意义决定了曲调。

就艺术作品而言，在这种情况下，更难以确定哪一方面应优先考虑。意义固然重要，但诗人告诉人们，音乐有时会使意义变得明朗。

泰戈尔在《回忆》中说："就和我们国家的情况一样，妻子以承认的依附性来支配丈夫，而我们的曲调呢！尽管表面上只是附属的，但最终却左右了歌曲。"他以自己的一部音乐作品阐明了这一点。

泰戈尔音乐的形成因素，首先来自泰戈尔家庭环境，这一环境使他从孩提时代起在无意之间对音乐产生了爱好。他还受到西方音乐，尤其是他在英国留学期间所受到的音乐方面的影响。

鲜为人知的画家

当时，除音乐之外，泰戈尔对绘画也产生了浓厚兴趣。泰戈尔成为画家，连他的至交密友也惊奇。实际上他对绘画艺术的强烈兴趣由来已久。

远在他拿起画笔前，泰戈尔就曾无数次地懊悔自己的全部作品都是“由脑袋完成的”，懊悔自己无法亲笔画出有灵性的东西，以表达自己的思想。

小时候，泰戈尔就羡慕哥哥乔蒂林德拉纳特的绘画技巧。他当时在绘画上的尝试没有成功。他在《回忆》中说：

> 我记得很清楚，午后，我常常手拿一个速写本，躺在地毯上，一心想画点什么。与其说是练习美术，倒不如说更像是拿作画当消遣。这种游戏最重要的作用是在心底留下了一些东西，纸上连一线一点也没有留下。

这种孩童游戏般的成分，贯穿他的整个创作生涯，除了后期诗歌，还有晚年绘画。

当然，泰戈尔在绘画上的灵感，远不如文学方面。他继续乱涂乱画，并且多少有些灰心丧气，因为这样涂涂抹抹没有产生出艺术品。

他在21岁时写的一封信中，把自己对美术的感情比做一个“失恋的情人”对拒绝了他的姑娘所抱有的感情。

虽然不能通过自己的作品对艺术作出贡献，但他与艺术家及其创作保持着联系。他的侄子阿巴宁德拉纳特和卡甘农德拉纳特，成了后来著名的孟加拉印度国立艺术学院的创始人。

诗人泰戈尔关注他们的创作，作过一些很有见地的评论，从各方面鼓励他们。他还同哈韦尔·罗森斯坦等著名西方美术家和美术评论家一起，讨论过一些绘画上的重要问题。

泰戈尔对于绘画的兴趣与热爱是持久而坚定的。他的绘画从书法脱胎而来，而书法是他所选定的职业的日常工作的一部分。泰戈尔以书写整齐美观为乐事。在修改写好的作品时，他往往发现有必要增删或变动一些词语，乃至整行。

这些改动打破了作品书面的和谐，也影响了他的情绪。这些涂改之处"呼唤着补偿"，于是他开始"加以补救，使他们最终达到匀称完善"。泰戈尔就这样开始了删改修补的游戏，删掉的词语又以不同的方式连接起来，直至"一些弯曲旋转的形态"开始出现为止。

这一过程不断延续，涂改擦去的部分逐渐变得复杂。手稿上的涂涂改改代表了失败与不完善，但却有一点价值，尽管很小，并非一无所获，必须收集起来给以承认，归入写作的整体。失败是通向成功的桥梁，泰戈尔对此有切身的感悟。

从勾画删改有关词句或行、段开始的涂鸦，逐渐成为正式进行构思的创作，这些绘画作品是以一些线条和图形粗略表示出的轮廓为基础的：一条腿，一个人头或一只手；花瓣、叶片或树干；一只鸟，一个翅膀或是一只怪鸟。

到后来的1924年，泰戈尔在阿根廷写了很多诗，后来收入《普拉比》集。在《普拉比》集的原稿上，有时这种涂改的游戏竟延伸到通篇都是。

在随后的旅行期间，泰戈尔多次有幸遇到现代抽象派画家的作品。这对他究竟有多大影响很难估计。很有意义的是，他回国以后就再也不需要以涂涂抹抹来作为起点了。他充分发挥了想象力，直接开始作画了。

最初开始，泰戈尔的画全是单色。开始没有用画笔，一支自来水笔就足够了。后来有了双色或三色的画。他的画大都用不同色彩的墨水画成，而很少用油彩。

墨水帮助他掌握了二次元平面的处理，出于东方绘画的习惯，他不那么喜欢立体效果。此外，他下笔极快，一张画往往一气呵成。油彩要很长时间才干，他因而觉得不合用。

尽管已经超越了纯书法的阶段，但泰戈尔笔下的线条却一直保持着书法的特点，而且变得更坚实挺拔，更明快严谨，用色方面也日趋成熟。

开始作画是用难以擦去的黑墨水。后来，泰戈尔运用同一种色彩而浓淡不同的两种色：深蓝色与浅蓝色、深棕色与浅棕色等，接下来用的是组合色，黑配红、红配蓝。再往后，所有颜色都用上了。

泰戈尔作画不调色，不需要调色板，也不用预先调好的颜料。他用的颜料鲜艳、轻快、透明。1932 年以后，他开始用了透明的颜料，但也只是在需要高光的情况下运用。

诗人作画不以自然景物为题材，也从不有意识地画任何一个特定的物品或人物，要寻找他画里的什么“真迹”，或者探究它们的明确的主题，那都是徒劳的。

泰戈尔满足于有韵律地表达自己的意思。唯一同他有关的连贯性是韵律上的紧凑一致，一个奇异的世界诞生了，一个到处都是奇特的物体和人的世界：花儿与鸟的配合；面带嘲笑形同鬼蜮的家伙；集多种特征于一身的动物；原始的爬行动物和巨兽怪里怪气地合为一体；情侣们和一些性感裸像被安排在任何人造的房子里也没有见到过的器物上；寻找未知的朝圣者；若隐若现的房屋；吓人的、嘲弄人的或者毫无表情的面具，落日余晖下的景致或是沐浴在如水的月色中的风景。

当泰戈尔的绘画作品首次在欧洲展出时，许多评论家不禁联想到了史前艺术。

泰戈尔说过，“当谈到印度艺术的时候，我们指的是立足于印度传统与气质的某种真实性。与此同时，我们必须明确，人类文化中是没有绝对的种姓限制这类东西的。印度的传统与气质具有结合并产生新的不同变种的能力，这种结合已持续了很长时间。”

这段话表明了作者对印度艺术的传统与现代性的态度。

泰戈尔在绘画中表现出了他性格的一部分，即渴求在其他创作领域中找到自己的表达方式。

他的画与诗歌或者音乐并非割裂开的。泰戈尔绘画以其新的强调方式来丰富了他创作上的表达方式。泰戈尔本人的评论充分说明了这一点。他将自己的画称为“我用线条作的诗”。

泰戈尔在另一篇文章中说，“我的清晨充满了歌声，让日暮时分充满色彩吧！”这表明，泰戈尔本人将绘画看做自我表现的一种新的渠道，与别的渠道不同，但并不对立。半个世纪以前，他就请求自己生命的神力赋予他各个方面的表达方式。

泰戈尔还在一封书简中谈到自己的绘画：“当我的生活书卷的不同章节全都临近结束的时候，我生活中的主宰之神乐于将这个前所未有的良机赐予我，使我有了写出它尾声的功力。”

《暮歌》的创作出版

1880年2月，在英国逗留一年半后，泰戈尔回到了祖国印度。

一离开潮湿、沉闷的英伦，泰戈尔的心情格外愉快，被压抑了很久的创作潜能也被猛然唤醒。

泰戈尔奔放的诗情找到了释放的机会，就像一条冲决堤坝的河流，一泻千里。环境的变化似乎为他酿造了久积的创作冲动，随后几个月里他写的诗，全都收在一本题为《暮歌》的集子里。

这本诗集的出版发行是孟加拉文化界的一件大事，它受到了广泛的好评。并且标志着泰戈尔早期创作的重要收获。

"我精神上承受着痛苦的重负。来吧！夜幕，轻轻地向我走来。近一点，再近一点——我寂寞的心渴望把自己深埋在你的怀抱里。"

虔诚的祈祷为《暮歌》定下了哀婉伤感的情调。集中一些诗作的标题也可以说明这一点，如《希望与失望》、《欢乐的挽歌》、《不可容忍的爱情》、《失败之歌》、《毒药》、《星星的自杀》等。它们表明诗人的内心充满焦虑和期待。

泰戈尔正在度过一个把"甜蜜的悲哀"变成创作主要源泉的时期，这也是许多著名的诗人曾经经历过的一个时期。痛苦是真实的，不是无病呻吟或装腔作势的。

早在英国求学时，少年泰戈尔就开始写作一部长篇抒情诗剧《破碎的心》，直至回家后才完成。这部长诗有一半是献给母亲的，有一部分是献给爱娜和玛丽雅的，还有一部分是献给他的三嫂迦澄波俐的。

母亲的去世，悲痛还没有完全消失，他身上有母亲的血液在流动，伟大的母爱要高于世界上所有的爱。

泰戈尔经常到母亲的墓碑前哀悼，一去便哭个痛快。他也常常到恒河岸边母亲火化的地方，为母亲的灵魂做祈祷。在恒河岸边，他大声呼叫妈妈的名字，然后抓一条小鱼或小虫带回家，把它当做妈妈的象征供奉起来。

泰戈尔认为，这样做，妈妈的灵魂便回到了家中，祝妈妈早日转世为贵人，或早转世为神。

三嫂也是少年诗人时时都装在心上的人。失去母亲的日子，是三嫂的疼爱，使泰戈尔似乎再次感受到母爱的力量。

“三嫂，这是我在英国写的一部长诗，请你看后多多指教！”泰戈尔将长诗捧给三嫂看。

“谢谢你，泰戈尔弟弟，作为诗人，嫂嫂希望你不要被儿女私情扯住脚步，嫂嫂祝你将来能成大器！”

迦澄波俐说完这番话，深情地望着英俊的少年诗人，心情激动万分。

“嫂子，我会记住你的每一句话，我的许多诗句都是在你的启发下才有感而发的，你是诗的化身，诗的源泉，你是未来的诗！”

泰戈尔的话真是从心里发出的，与三嫂相处的日子是甜蜜的，与三嫂分别的日子是悲哀的。

这就是诗人说的“甜蜜的悲哀”。诗人并没有沉溺在他那阴郁的情绪之中，他只是表达了当时的心理状态。

“我们想象那时正在无缘无故的焦虑和漫无目的的渴求的地域之中漫游。”晚年的泰戈尔在他的《回忆》中曾经这样描述他早年生活的这个时期，以及《暮歌》的总体思想感情特征。

《暮歌》已经初步显示出诗人高超的艺术技巧，尽管从整体来说，这些诗歌中的感情表达难以捉摸，思想观点含混不清，语言和艺术水平上表现得参差不齐。

诗人自己后来把它们说成是“不成熟的”，“是我在掌握真正的诗歌语言以前写成的”。虽然《暮歌》的局限性是明显的，但是它标志着一位具有独特风格的新诗人在印度文坛上的出现。

泰戈尔摆脱了文学前辈们传统诗艺的影响，例如在使用韵律方面，他就开始逐渐形成自己的擅长形象描述的风格。

泰戈尔在诗中经常使用傍晚这一象征，这本身就包含着一种自信而富有个性的意味，这是些傍晚时唱的歌，在一天的那个时辰，阳光逝去，夜幕降临，天际朦胧，人们活动的嘈杂喧闹声也渐渐消失，大地的景色虽然有点阴郁但却显得神秘而令人陶醉。

在诗集的开篇中，诗人把傍晚想象成一位美丽而陌生的妇女，若隐若现地弯下腰去用她那墨玉般秀丽的长辫去触摸大地。诗人总感到同这位神秘的女人有一种紧密的亲近感；他常常如醉如痴地听她唱歌，虽然他既听不懂歌词的意思也辨不清歌曲的旋律。

《暮歌》充满着忧伤，甚至还颇有些阴郁，但它并不是悲观主义的。在这本诗集中，后一部分诗歌，已经开始显示出诗人的观点和情绪发生转变的迹象。

《鸟之歌》、《河流的故事》和《春花的节日》真切地表达了诗人投入新的社会生活和情感世界的愿望。他想走出隐居生活，更多地和世界进行接触。他不愿意“在忧郁的女神手下承认失败”。

这一切表明，诗人尽管仍置身于夜幕笼罩下的世界，却已经开始表现出对黎明曙光的深切向往，他那永远追求的心灵在躁动。

踏进一流诗人行列

1881 年，20 岁的泰戈尔回到了加尔各答，和哥哥一起住在苏德大街。就是在这里，他经历了一件奇事，或许只能说是一种幻觉。

一天清晨，泰戈尔一大早起来就信步走到阳台上，看见太阳从大路尽头的一片树林后面冉冉升起。

泰戈尔经常如醉如痴地观看日出。可是这天的日出整个景象异乎寻常，它强烈地感染着他，打动着他。他感到宇宙万物都骤然间获得了新的含义。

事过很久，泰戈尔在回忆录里写道，“美丽而欢快的波浪，好像要把我整个吞没似的。”这种景象接连出现 4 天。他立即把这一幻觉用诗的语言表达出来，这就是《瀑布的觉醒》。

诗中表达了他感到生命醒来以后的无比欣悦。诗篇的结尾是这样的：

谁知道为什么今天我的心灵觉醒了，
我似乎听见遥远的大海的歌声，

啊！我的四周啊！怎样的一所暗牢！
不断地，不断地撞击呀！
啊！今天鸟雀欢唱，
阳光照进洞窟来了！

在诗中，泰戈尔歌颂了自己精神上感受到的自由与欢乐。接下来他又写了一些情调同样轻松愉快的诗。这些诗都收在诗集《晨歌》里，这本诗集通常被看做是他开始成为一流诗人的标志。

这本诗集受到了包括当时孟加拉著名小说家般吉姆·钱德拉·查特吉在内的一些重要的文学批评家、鉴赏家的重视。

在《晨歌》里，读者看到了自然生动的破晓景色以及它那美妙悸动的时刻：晨曦逝去，转瞬间阳光普照。在开卷的第一首诗里，诗人责备自己在幻想的世界里生活得太久，表示决心要结束他的孤独状态。

在第二首诗《瀑布的觉醒》中，诗人的诺言便兑现了。这首诗标志着泰戈尔文学生涯的一个转折。他的心就像冻结的冰川，遇到太阳便融化了，变成澎湃奔流的瀑布。

瀑布象征着新的充沛的生命冲动和创作冲动，它载歌载舞，一泻千里，从位于崇山峻岭的家乡来到山脚下那绿草如茵的峡谷。

诗人在他的《回忆》里这样描述这次经历："一时间，宇宙之光穿过阻挡它的层层愁云涌进我的心田。同一天，《瀑布的觉醒》便像一座瀑布一样出现在我的心底。"因此，《瀑布的觉醒》也是诗人的觉醒。

这时的泰戈尔的心境充满憧憬，诗人欢唱着晨歌。《晨歌》集的诗篇里，充满了重新发现世界的感情。

这种重新发现，主要是通过与诗人心灵契合的大自然，而不是通过人类生活的社会获得的。泰戈尔在回忆录中这样写道：

在童年，我与大自然曾经有过亲密而深透的思想交流，后来闪现出最初的青春热情，心灵要求得到自身的地位。与外部世界的这种自然的和谐一致被打断了。精神被束缚在这个内部世界之中。

突然间，禁锢之门打开了，我重新发现了在童年失落的东西。事实上，我在《晨歌》中所发现的世界比我失去的世界更加丰富，更加充实。

《晨歌》里包含着一些奇怪的预言。泰戈尔平时常常阅读科学读物，研究宇宙的广袤和太阳系产生于原始星云等现代科学理论。在《演变——维持——亡》这首诗里，这些科学思想和成果与古代印度的神话结合在一起。诗一开始描述造物主梵天在太虚中沉思冥想。

诗人翻然醒悟，高唱着创造的赞歌，在太空填满了远古时候的熊熊燃烧的物质。经过了数不清多少个世纪，这些燃烧着的星云不停地旋转，直至毗湿奴吹起法螺，宣告生命的诞生，火球开始冷却，地球把自身从宇宙的其他天体分离出来，美和善出现了。

《晨歌》中更多是平和优美的诗。在《回声》这首诗里泰戈尔歌颂了使宇宙万物和谐一致的韵律的作用，这一作用在美中找到了最高的表现形式。

两个主题在诗中和谐交融，创造与破坏本身是一个单纯的韵律的两个方面，它们在诗行中延伸。这种信念在《永生》和《永死》两首诗中也鲜明地体现出来，它们是相互补充的。

在诗人眼中，死并不是生命的尽头，而是自我新生的必要手段，它们在一起维持着这一宇宙的韵律。

自从《晨歌》集问世以后，诗歌、散文、剧本和歌曲新作在泰戈尔笔下如瀑布般倾泻而出。而且，他还在五哥的支持下发起了一次筹建孟加拉文学学院的活动，但这件事情在中途便不幸夭折了。

涉足戏剧创作

1881年，受着心中激情澎湃的创作欲驱使，泰戈尔又完成了他的第一部音乐剧《瓦尔米基天才》，剧情是依据古代印度第一部长篇史诗《罗摩衍那》的作者瓦尔米基的传说展开的。

瓦尔米基原本是个强盗，同伙抓来了一个女孩子想祭祀女神，他被女孩的哀号声所感动把她救了出来。原来这个女孩是艺术女神的化身，为了唤起他的“人性”而来，女神最终赋予了瓦尔米基歌唱的才能。

这部剧作的意义在于它音乐上的创新，泰戈尔尝试着把印度的古典音乐、孟加拉的民歌和西方歌剧的音乐结合在一起，并且获得了成功。在演出中，泰戈尔曾亲自扮演过瓦尔米基，他的侄女则扮作剧中少女。

完成了《瓦尔米基》的创作之后，泰戈尔还写过一部也是取材于《罗摩衍那》的音乐剧《不祥的狩猎》。后来回忆起当时写作这两部音乐剧的情景时，泰戈尔觉得当时火一般的写作热情是以后再也没有感受到的。

泰戈尔一生写了多少诗作连他自己也说不清，他的作品浩如烟海。泰戈尔很小的时候便开始创作诗歌，但他认为那些在《暮歌》之前的作品都应当弃之不算。

泰戈尔的哥哥乔蒂林德拉纳特和他的妻子离开了故乡去长途旅行。五哥五嫂的远行使泰戈尔感到缺少了精神上的知音，沮丧而孤独的他也开始了第一次面对自我，在独自反省、自顾内心的这段日子里，他日夜奋笔疾书，继续丰富《暮歌》的内容。

在诗集中，泰戈尔将傍晚想象成一位美丽而神秘的女子，诗人对她怀有亲近感，痴痴地听她歌唱，却不懂得那旋律：

我精神上承受着痛苦的重负，
来吧！夜幕，轻轻地向我走来，
近一点，再近一点，我寂寞的心
渴望把自己深埋在你的怀抱里。

这部作品得到了当时孟加拉最有名的小说家般吉姆·钱德拉·查特吉的赞赏，他把泰戈尔称作印度文学太空中正在升起的太阳。关于这部诗集，诗人后来曾这样说：

在《暮歌》中寻求表现的忧愁与痛苦，在我存在的深处生根。就像一个人昏睡中的意识，和梦魇搏斗想要挣扎醒来一样，那个沉陷内心的我也是这样地挣扎着，要从它的错综复杂中解脱到空旷处来。

尽管有许多人称赞泰戈尔写诗的才华，然而在当时的世俗的社会看来，他只是一个中学没有毕业，没有学位与职业的凡夫俗子。泰戈尔为世人的观点感到苦闷与失落，于是 1881 年 4 月，他与自己的一个侄子一同起程赴英国，希望再度学习。

但是，泰戈尔的这个年岁稍长的侄儿新婚不久，中途又决定要回家去，因此泰戈尔第二次英国之旅没有实现。

泰戈尔先前往西部的喜马拉雅山，向父亲说明了这个情况，之后便来到了五哥一家位于恒河畔的别墅，在那里度过了一段幸福的时光。

在这个名叫“莫兰花园”的风景宜人的地方，泰戈尔写下了他

第一部完整的长篇浪漫主义历史小说《王后市场》，尽管小说的创作形式并无多少值得赞赏之处，但其中许多情节和人物，成了他日后剧本创作的雏形。

与此同时，泰戈尔也在恒河河畔写了一些散文，后来当他与兄嫂一起返回加尔各答苏达街的另一处房子时，他仍然继续着这一创作，直至有一天他有了一些顿悟。

泰戈尔曾把他的诗句比做一条河流，夏日里奔流不息，雨季中四处泛滥，在冬天则变得萧条冷落。他进而说明，这正是在冬季里他由诗歌转向戏剧的原因。

在那个寒冷的季节里，激情似乎已被"冻结"，诗意的自然表达受到了阻碍。于是，他便采用了一种不那么激情奔放的表达方式——戏剧。

自然的季节对泰戈尔的创作确有直接影响。他所有的重要剧作除一部外，都是在冬季里写成的。

1883 年 4 月 8 日，泰戈尔又随同家人移居位于印度西南海岸的加勒瓦尔港，他的二哥被派驻在这里担任法官。

在这弥漫着檀香和豆蔻香气的地方，终日面对椰树和大海，生活在自己最亲爱的人们中间，泰戈尔胸中的诗情也涨潮了。他在这里完成了一部重要的戏剧《大自然的报复》，并在第二年出版。

《大自然的报复》一剧的主人公是一个隐居于山洞中的苦修多年的修道士，他原以为自己已经摒绝了一切世俗杂念，但当他遇到一名父母双亡、孤立无援的孤女时，怜悯与爱恋却涌上心头，他惊慌失措地跑开了。

然而爱又使他最终放弃了修道士的苦行，重返尘世，并四处寻找这可怜的孤女。可是他得到了的却是姑娘去世的消息。

修道士那时才明白，原来死亡可以使人"在低微中见到伟大，在形象的有限中见到无限，灵魂在爱中找到永恒的解脱"。这一观点是泰戈尔积极生活态度以及重视人的本性与情感的反响。

泰戈尔自己也很重视这部作品，他后来说：

> 在《大自然的报复》中，我们看到：一方面，村民们与行路人在为生活琐事而奔忙，另一方面，那位禁欲者舍弃了尘世的一切，包括他自己，而沉浸在他想象出来的茫茫无限之中。
>
> 然而，爱跨越了鸿沟。隐士与那一家人相遇了。有限不再显得平凡琐碎，无限也不复空寂无聊。这个剧因而可以看做我的所有作品的一段引子。

这段话表明了泰戈尔对自己在戏剧方面的第一部佳作《大自然的报复》的重视，同时又阐释了剧作和诗作的哲理内涵。

在剧中，帷幕徐徐升起，苦行者独坐在洞穴外边，“正在为子虚乌有大唱赞歌”。

为了修成善果，他割断了与世俗外界的一切联系。剧本借苦行者之口痛斥人生的种种诱惑、维护自身自由，并以他的大段独白开场：“我在内省的烈火中焚去了感官的引诱。”

苦行者陶醉在自己的美好感觉中，他暗自庆幸。然而，一位小女孩的出现打断了苦行者的沉思，她是无家可归的皮匠拉格夫的女儿，名叫芭善蒂。

芭善蒂想同苦行者做朋友，并把自己看到的美好事物告诉他。

“不，不，”苦行者说道，“这些都是幻影，对于贤人哲士来说，花儿和尘土是一样的。”

尽管苦行者撇下正在路边熟睡的芭善蒂，云游四方去了，他的心却有所触动。眼中的场景不再引起他的愤懑。那些歌唱男欢女爱和离愁别恨的牧家儿女吸引着他。

一位正在对自己的两个孩子唠叨的母亲，唤醒了苦行者对人类淳朴生活的兴趣，也唤醒了他对普通人生的良知。

直至此刻，他一直在逃避这种生活。他想念被撇下的小姑娘芭善蒂。他心中充满感激，感到是芭善蒂使他看清了现世的价值。

苦行者想找到芭善蒂，便原路折回，回到了村里。当村民们请他祝福时，他深感惭愧而不愿祈求“神明”开恩。他告诉村民们：“我正在寻找由于我本人的愚昧而失落的一个世界。”

苦行者一心要找到小姑娘的父亲拉格夫的家。但他去得太迟了，善良而纯洁的芭善蒂已经离开人间。

苦行者一味追求善果，忽视爱情，忽视人间悲苦，终于未能够战胜自己。而小姑娘能置一切降临其身的艰难困苦于不顾，紧紧抓住生活的真谛，这种以生命换来的情景震撼着他。

苦行者热衷于追寻虚无缥缈的东西，他的骄傲和矜持终于荡然无存。小姑娘的死使他意识到了自己所丧失的东西的沉重，他把小姑娘以生命换取的教训铭记于心。

“自然在心灵的狭窄小路上指引这位苦行者前进，将他带到了无限的面前，就是那个高居于有限之上的无限。”

生命与自然同时升华，苦行者的灵魂经受了真理的洗礼。

直面痛楚

思想以自己的言语喂养它自己，而成长起来。

——泰戈尔

步入婚姻的殿堂

1883年，全家人都窃窃私语地商议，要为年轻的诗人挑选合适的配偶。泰戈尔的父亲在宗教事务方面是个开通的进步人士，在维护社会习俗方面却显得异乎寻常的保守，他要求未来的儿媳妇必须是婆罗门种姓的姑娘。

泰戈尔是怎么样看待恋爱和婚姻的呢？他在恋爱和婚姻方面所持的具体观点又是什么呢？

泰戈尔的婚姻观表现在以下几个方面：反对封建式的包办婚姻，反对损害儿童身心健康的童婚陋习，反对带有买卖性质的陈旧的妆奁习俗，反对印度教社会中一度流行的赞美寡妇守节和焚身殉夫的恶习，反对禁欲主义，反对把为社会服务同享受幸福美满的婚姻生活对立起来。他赞美和向往青年男女自由恋爱式的婚姻，主张寡妇可以自由改嫁。

泰戈尔的婚姻观在他的文学作品里得到了充分的反映。他创作的文学作品深刻地揭露了封建婚姻种种陋习给青年男女带来的痛苦和不幸，反映了泰戈尔在婚姻方面的进步性和超前意识。

《莫哈玛娅》是泰戈尔短篇小说中的名篇。泰戈尔在这部作品中以欣赏赞美的文笔描写了少女莫哈玛娅中午与自己的情人幽会的场面。不料，这种幸福的幽会却被莫哈玛娅的哥哥撞见了。

恼羞成怒的哥哥当晚就逼迫莫哈玛娅嫁给了一个垂死的老婆罗门。随后又把她捆绑在焚烧老婆罗门尸体的柴垛上，让她焚身殉夫。当柴垛被点燃的时候，突然天降大雨，火焰被瓢泼般的雨水熄灭。

莫哈玛娅得救了，但是她那俊美的容颜被烧毁了。莫哈玛娅来到自己心上人的住处，向他提出了他们结合的条件：她要求她的爱人许诺，永远不能瞧看她的脸。两个有情人逃往外地结合了。从此莫哈玛娅脸上一直蒙着面纱。这层薄薄的面纱仿佛就像一堵墙，把两颗心隔开了。

在一个皎洁的月夜，她的爱人乘莫哈玛娅熟睡之际，悄悄地来到她的床前，揭开了她的面纱，看到了妻子那张被烧伤的脸。这时莫哈玛娅被惊醒了。她站起身来，重新蒙上面纱，走了出去，再也没有回来。

在这篇作品里，作者愤怒地控诉了封建包办婚姻和寡妇焚身殉夫恶习毁灭人性的本质，热情地赞美青年男女的自由恋爱婚姻。

《笔记本》是泰戈尔创作的又一篇优秀的短篇小说。小说的主人公乌玛是个喜欢学习的小姑娘，可是她刚 9 岁时就出嫁了。出嫁时也带走了她哥哥送给她的一个笔记本。她在想家的时候就打开笔记本写一点儿自己的感想。

乌玛秘密学习的事，被她的 3 个小姑子发现了。她们告诉了哥哥。小乌玛那个粗暴的丈夫命令她交出笔记本，从此剥夺了她学习的权利。

作者通过这篇小说，无情地鞭笞了童婚制度对儿童心灵所造成的摧残，以及对处在成长和学习阶段的儿童所造成的不良影响。

《河边台阶的诉说》这篇短篇小说，以河边台阶的口吻讲述了一个包办婚姻所酿成的悲剧。

库苏姆很小的时候就结婚了，婚后和丈夫在一起只生活了一两天，以后她再也没有见到她的丈夫。她从一封信中得知，她的丈夫死了，她当时才只有 8 岁。于是她又回到位于恒河岸边的家乡。一晃 10 年过去了。

如今她已经 18 岁了，出落为一个俊美而又充满青春活力的大姑娘。一天，不知道从什么地方来了一位年轻英俊的苦行者。库苏姆认出来了，他就是自己的丈夫。因此，她心里又燃起了重新生活的希望之火。

一天黄昏，她向苦行者表达了自己的心曲，可是却被苦行者拒绝了。库苏姆绝望了，于是她慢慢地走进恒河的怀抱。通过这个凄惨的故事，作者愤怒地控诉了包办式的童婚和禁欲主义。正是这两种恶习毁灭了库苏姆年轻的生命。

《新郎与新娘》是泰戈尔创作的另一篇短篇小说。作者在这篇小说中塑造了一个敢于反抗父母包办婚姻的青年形象。父亲让朱克多·绍诺特库马尔与一个婆罗门富翁的女儿结婚，被他拒绝了。

他顶撞父亲说："从小时候起，您就教育我吃饭、睡觉、走路、回家都要自立；而现在，到了结婚的时候，为什么倒不让我自立了呢？"

父亲一气之下，将他赶出了家门。尽管在婚姻问题上这位青年经历了周折坎坷，最终也没有结婚，但他并不后悔。但是，当泰戈尔面对自己的婚姻时他却表现得无能为力。

父亲选中了在泰戈尔家谋职的韦利玛塔次·拉叶乔塔利先生的10岁女儿，作为泰戈尔的未来妻室。

与人口众多的泰戈尔家庭相比拉叶乔塔利家庭的地位更低下，姑娘长得也不大漂亮，而且，仅仅读了一年的孟加拉课程，几乎是个文盲。

这位最富有浪漫主义气息的诗人的毫无浪漫色彩的婚姻，就这样草率地定下来了。就当时的社会习俗传统来说，这样做是不足为奇的。

泰戈尔默许了这门亲事，也是不值得大惊小怪的。尽管他在文学创作中是那样的生气勃勃和充满着浪漫的激情，但他在父亲面前是一个听话的孝子。然而，父亲的这种随心所欲和不适宜的选择，并没有在泰戈尔身上产生任何不好的影响。这位平常的媳妇，倒是位贤妻良母，而这对他是十分必要的。

泰戈尔不缺乏任何创作热情，对生活和大地的热爱使他获得了创作的永恒源泉。他是个狂热的幻想家，无须妻子或旁人的激励。他妻子确是一位默默无声地献身于他、帮助他、促进他天才发展的贤惠妻室。

1883 年 9 月 11 日，婚礼在乔拉桑戈老家举行。新娘的原名叫帕兹达列妮，是一个听起来十分旧式的名字。婚后，她改名为默勒纳莉妮。这个美丽的名字，可能是她丈夫给起的，这就是泰戈尔在这整个事件中表现出积极性的唯一证明。纳莉妮的名字一直萦回在他心间，似乎它也包含在“默勒纳莉妮”里。

结婚这天，新郎穿绣有金色花纹的白衣，由一队身穿镶边红制服的鼓乐手陪着去接新娘。

乐队边走边演奏乐曲，新郎骑着高头白马，胸戴花环，走在队伍中间，他怀里搂着一个 5 岁的小男孩，那是他的侄儿纳特，做新郎泰戈尔的伴郎。

队伍中有人专门捧着月光灯管为新郎照明，一群年轻的姑娘、小伙子和天真可爱的孩子随着乐曲翩翩起舞，后边跟着一群女眷。

一大队娶亲的队伍向新娘默勒纳莉妮家走去……

新娘默勒纳利妮起得很早，她先用香花泡过的水沐浴梳洗，用象征纯洁的姜黄粉涂搽身体。用一种植物做成的颜料在身上画出各种各样吉祥的图案。然后，在母亲和女伴的帮助下穿上了美丽的婚纱——“莎丽”，在头上戴上了金银首饰和鲜花。

新娘的父亲和家庭其他成员先去新郎家进行拜访，返回后跪在神像前为女儿祈祷，求神灵保佑等待新郎娶亲队伍的到来……

突然，外面传来了鼓乐的乐曲声，有人跑着报喜讯：“来啦，来啦！娶亲的队伍来啦！”

祈祷的人群急忙起身到门外，点燃了烟花爆竹，欢迎娶亲的队伍。

新郎被隆重地迎进屋内，按习俗先用宝剑击碎了一个柜子。

新娘的母亲手持点燃的蜡烛围着新郎走了7圈。女方的女亲眷们也拿着装满水的罐子绕新娘走了7圈，意思是为了保护新人免受恶魔的侵害。

这时，人们跳起欢乐的舞蹈，唱起赞美的歌曲。新郎来到新娘的房内，将新娘抱上白马，一队新人骑着白马，迎亲的队伍在前，送亲队伍在后，一同向新郎家走去。

婚礼在泰戈尔家的广场上举行，祭司宣布典礼开始，新郎泰戈尔与新娘默勒纳莉妮，一同栽下一棵新娘纪念树，以保佑爱情万古长青。

然后，祭司又宣布开始系“塔里”仪式。“塔里”是一条黄丝带，打有3个结，象征新娘对丈夫、公婆和未来子女的3种义务。“塔里”又叫结婚带，新娘的姐妹把它放在托盘上，端到来宾面前，接受众人的祝福，然后系在新娘的脖颈上。“塔里”也是婚姻的象征，一旦系上，已婚妇女要终身佩戴，直至丈夫去世。

戴完“塔里”，新娘的父亲拉着女儿默勒纳莉妮的手，来到新郎泰戈尔的面前。把女儿的手放在新郎的手上，接着端起一杯“圣水”洒在地下，象征把自己对女儿的责任转交给新郎，新娘便与新郎一家坐到一起。新郎泰戈尔又按祭司的要求，用一根丝带牵着新娘，绕“圣水”转3圈。

婆罗门祭司在高声诵念经文。亲友、来宾欢呼着将鲜花和彩米撒向人群，这时锣鼓齐鸣，人们载歌载舞，婚礼达到高潮。

最后新郎又给新娘戴上趾环和戒指。喜宴开始，餐桌上发光的器皿，丰盛的菜肴，进口的香槟、威士忌，伴着欢快的乐曲。

珠光宝气，衣鬓留香的姑娘和贵夫人为喜宴增添了美丽的色彩。接着，新娘的父母为新人往新房里安置嫁妆。

安完嫁妆，新娘、新郎才入洞房，于是闹洞房又开始了。姑娘们把新郎的眼睛用布蒙上："泰戈尔哥哥，快来摸出新娘的手，找出你的新娘来!"姑娘们排成一队让新郎官儿摸，泰戈尔每次都没摸准。

"哈哈哈哈！错啦错啦!"

"是你！默勒纳莉妮快出来吧!"泰戈尔拽住一个姑娘的手不松开，姑娘被捏得直吵嚷："快松开我吧，新郎哥哥，我的手都被你抓疼啦!"

泰戈尔急得扯下蒙眼睛的布，一下子抱住新娘。最后，新郎与新娘跳"婆罗多"舞，新娘默勒纳莉妮踏着"叮当"的足铃声，翩翩起舞。新郎泰戈尔也随着各种手势和旋转的舞步配合新娘。

一对新人，在欢快的音乐里不停地轻舞，众人也跳起狂欢的舞蹈。舞蹈结束时，天色已微明，一对新人才入洞房。

热闹的婚礼，使诗人泰戈尔经历了人生最美好的瞬间。感受了生活的丰富多彩和人生的甜美与幸福。

1886 年，泰戈尔 25 岁时，他的第一个女儿诞生了，取名为玛吐莉勒达。相隔两年，他的儿子罗梯出世了。

痛失亲人的感受

在泰戈尔结婚一年之后，他的父亲让他担当了自己早年创立的宗教改革组织梵社的秘书，以此来锻炼他的工作才能。

泰戈尔在梵社推行了一种在那个时代可谓是非常大胆的改革。这在当时那个年代，可谓是惊天之举。他居然冲破了世俗和偏见，请来了一位非婆罗门的传道士在为婆罗门所独霸的讲坛上讲道。这一勇敢、无畏的举动，正是他内心深处“坚决反对在人与人之间人为地制造隔阂”这种观念的深刻表现，而且这也预示了他在将来面临的社会及政治问题上必会选择人道和正义的道路。

泰戈尔虽然一直没有对宗教产生过浓厚的兴趣，但他默默地遵从着父亲的嘱托，一直以热情而严肃的态度兢兢业业地工作着，在他担任秘书的那段时期，他写出了许多文章来积极宣传父亲的宗教信仰。

人世间的事总是难以预料。1884 年 4 月，成婚不久的泰戈尔遭受了一次异常沉重的打击。他一生中最亲密的朋友、宛如慈母般的嫂子迦澄波俐不知什么原因悄然自尽了，她当时年仅 25 岁。

嫂子的突然离世，让泰戈尔第一次深刻地体会到了丧失亲人的巨大悲痛，这也是他第一次感受到死神的可怕力量，同时也在他心中留下了永远都难以弥合的创伤。

若干年前，在他母亲辞世的那年，泰戈尔还十分年幼，幼小的他还不懂得人世间生离死别的无比悲哀。而且也正是在那时，他的三嫂迦澄波俐给了他母亲般的关心与爱。

从那个时候起，在以后长达 16 年的岁月里，年龄只是稍长他一些的三嫂便义务地担当起泰戈尔的庇护人。她总是鼓励着泰戈尔去积极写作，她总是喜欢倾听泰戈尔的心声，她是泰戈尔最知心的朋友，她也是泰戈尔心目中最圣洁、最值得珍重的女性。

三嫂的骤然谢世令泰戈尔感到万分的悲痛。他也逐渐经历着人人必然经历的苦痛。

然而，福无双至，祸不单行。就在嫂子过世几个星期后，在他童年时期曾照管他学习的三哥海明德拉纳特·泰戈尔又被死神无情夺走了生命。再度丧失亲人的无以言说的悲哀，几度令他心痛欲绝。即便在多年以后，泰戈尔仍然这样充满伤感地在《回忆录》中写道：

我还没有想过，在生活的悲观的完整行列中会出现裂缝。因此我看不见未来的东西，我所接受的目前生活就是我的一切的一切。当死神突然走来，一瞬间在它似乎绝佳的构造中露出了一个豁口时，我完全不知所措了。

周围的一切：树木、流水、日月星辰，依然像先前那样真实；但那个确确实实存在过的人，那个在各方面都曾与我的生活与身心有着密切联系，对我来说更为真实的人，转眼之间却像一个梦一样地永远地消逝了。当我环顾四周的时候，我觉得这一切是多么难以理解、自相矛盾啊！我到底怎么才能使这种存在与消失相协调呢？

当然时间不停地过去，这个豁口对我显露的可怖的黑暗却继续日夜吸引着我。我不时回来站在那里向它凝视，想知道在那离去的地方还留下了什么。我们不能使自己相信空虚：不存在的东西是不真实的；而虚假的东西是不存在的。因此我们想在看不见什么东西的地方去寻找什么的努力是不会停止的。

像一株被黑暗包围的幼小植物踮着脚摸索着伸向光明一样，当死神突然之间把否定的黑暗投在我心灵的周围时，我也尽力要伸向肯定的光明。在黑暗阻止我们寻找道路走出黑暗时，有哪种悲痛能与之相比呢？”

人的一生，无论多么大的苦痛，都要学会接受，并坦然面对。在泰戈尔独自品尝凄凉的那些日子里，他的心中也在持续不断地思索和探究着无法预知的生命。

正如每个人的生命中都会有过这样一段黑暗的日子，需要自己去单独面对、独自承受一样。死亡的阴云虽然掠过了泰戈尔的心灵，在他的情感上刻下了无比酸楚悲伤的记忆，然而过去的事情毕竟是过去了，再也无法挽回了，生命毕竟还需要向前的。

1884 年，泰戈尔离开了城市，回到乡村去管理祖传的田地。他在这里能够更好地接触到农民，熟悉下层人民的生活状态，以一个诗人的敏锐嗅觉观察着故土和自然。

悲痛的结晶《刚与柔》

当失去亲人悲痛的记忆被时间冲淡之后，泰戈尔痛定思痛，他变得更加成熟，更加坚强。

泰戈尔惊奇地发现，亲人永远离他而去的事实渐渐远去以后，自己仿佛有了某种顿悟，他后来回忆说：

由于对人世生活的吸引力的淡漠，自然美对我有了更深的意义。死神给了我正确观察事物相互关系的能力，使我得以理解世界在它极美时的情况，因此当我看见以死神为背景的宇宙之画时，我感到了它的魅力。

在夜的黑暗中，我独自一人在凉台上摸索着，像一个瞎子似的想在死神的黑色石门上找到一个图案或记号。当曙光落在我那张挂帐子的床上使我醒来睁开眼睛时，我觉得四周的云雾散开了。雾霭消失，山河林木的景色历历在目，于是露水湿润的人世生活的图画在我面前展开，仿佛变成新的，十分美丽。

痛失亲人的经历并没有使诗人消沉下去，反而使泰戈尔的心灵锻炼得更为坚强，他坚持不懈地写作，作品如泉涌般源源不绝。他以达观的态度去面对亲人的逝去，并没有在作品中流露出任何的悲哀情绪。

当时，泰戈尔写了一些关于历史和宗教题材的论文。在阐明印度文化方面，他坚定地站在了勇敢接受新事物、新进步的上进者行列中，针对那些一味赞颂古代的复古主义者们的论调发表了讽刺性的文章，申述了自己的立场和态度。

泰戈尔的一生中，每当觉察到人道与正义被弃之不顾时，他就会勇敢地站出来，加入到斗争的行列里。

两位亲人去世以后的几年时光中，泰戈尔除了给家里已创办的《婆罗蒂》文学杂志写稿之外，还常在家中又增办的《儿童》月刊中发表儿童文学作品，其中不乏优秀之作。

泰戈尔的儿童文学创作也是从这时开始起步的。尽管各方面的责任繁多，泰戈尔依然不懈地坚持自己的文学笔耕。

1884 年，泰戈尔写了散文剧本《诺丽妮》，次年完成短篇历史小说《王冠》，而取材于传说的小说《贤王》和音乐喜剧《幻影的游戏》则写成于 1887 年。

相比较而言，在这几年中所写成的作品里，1886 年的诗集《刚与柔》更能体现他那诗人的情感。

《刚与柔》的出版，标志着泰戈尔不再沉湎于灵魂的探索，已开始直面现实的人生。他描写世俗的爱情、童年的真纯和母性的慈爱。形式上，他突破了传统诗歌的严整格律，结合民歌“宣拉体”，形成了一种清新、质朴的散文诗风格。

《刚与柔》这部诗集收集了多种体裁的诗作，其中有儿童诗歌、宗教圣歌、情歌和一些翻译的外国诗歌。诗集主要抒发了对生活的迷恋，以及生活和生命的欢乐，也表达了诗人对祖国和人民炽热的赤子之爱。

在《刚与柔》开篇第一首诗中，诗人吐露了这样的情感：

我不想在这可爱的世界上死去，
我留恋那灿烂的阳光，盛开的鲜花，
我要像一个人一样在人群中生活。

人世间的生活像游戏一样纷繁多彩，
生活中充满了悲欢离合，嬉笑怒骂！
啊！让我歌唱人们心中的悲哀和欢乐，
让那优美动听的曲调千秋传播。

正是因为经历了深刻的痛苦之后，泰戈尔才更加珍惜生命与爱的欢乐。于是，在《刚与柔》这部诗集中，泰戈尔就否定了人生的禁欲主义观点。诗人热情地表达着他不仅热爱枝繁叶茂的美好自然，也珍惜世界赋予他的种种生活体验。

在这本诗集里，诗人泰戈尔那种追求欢乐的青春热情，已经由往日对自然的爱过渡到对女性美的爱。《刚与柔》中有几首诗的描绘相当直率，在当时社会习俗尚十分保守的环境里算是异常大胆之作。

这一点从有些诗篇的题目里就可以看得出来，比如《胳膊》、《吻》、《身体》、《没有衣饰的美女》和《乳房》等。在那个时代，不少持保守态度的人对这样的诗篇反应相当激烈，看到这样的题目，他们吓得几乎要晕死过去。但是，公正地说，泰戈尔所写的这些诗歌的内容并无一点色情的味道，他在诗中只是将女性的身体当做宇宙中最完美的表现来进行讴歌。

泰戈尔在后来回忆往事的时候曾说过这样的话，作为他自己对这些诗作在他的世界观发生转变时所起作用的自我评价：

人往往站在人生的宫殿之外，从大路上望了望里面燃烧着的灯火而又回头走开了！他听见了笛子的声音，从宫殿里传出的贝罗维乐曲飘进了他的耳里，可是，他没有进去。

《刚与柔》就是站在人生圣殿大门外的人类唱的歌——这支歌不仅要求允许他们进入那神秘的宫殿，而且还要求在其中占有一席荣誉的座位。

泰戈尔在这些诗集中的另外一些诗歌中还告诫人们不应当迷恋爱情的生理基础。例如在《囚徒》这首诗中，他将心爱的人的手臂喻作监禁灵魂的枷锁，而《纯粹的爱》一诗则又将纵欲看做服用了慢性毒药而造成的毫无痛苦的死亡。

很显然，诗人在体验到感官的欢愉之时，同样表现出渴望精神得以寄托的心情，他热切渴望将这两个层面融合为深沉而无私的完美之爱。

诗人的灵魂对爱情的美好思索与追寻是永远无止无息的。因此，在《刚与柔》最后一首诗《最后的话》中，他依然感到尚有不少的思绪和情怀未能表达：

> 我模糊地感到我心中有很多思想渴望表述，而且那最后的一句话将能够概括我想要说的一切。等到这句话说出口之后，我将会永远地沉默了，决不会再拨动我琵琶上的琴弦。我相信，在这最后的一句话里，我终于会得到满足，并且可以清楚地明白自己的内心世界。

诗人此刻刚刚开始吟唱爱情，在他以后的生命里，爱情也一直是他歌咏的重要主题之一，而且这对爱的歌颂不仅在他生命里延续着，也伸展到了每一位仰慕与热爱泰戈尔诗歌的读者的心里。

河流上的新生活

1890年年底，父亲让泰戈尔接替大哥去照管祖传的庄园产业。父亲认为，作为大家庭中的儿子，泰戈尔应当承担他应有的责任。

一种新的生活开始了，这是泰戈尔一生中的一件意义深远的大事。起初，他不乐意接受这份工作，后来他才发现庄园生活不仅为他提供了观察孟加拉农村生活的机会，还使他变换了一种生活节奏，并且让他得到一种满意的生活方式。

泰戈尔家的庄园共有3处。他负责管理的是位于帕德玛河边的西来达，因为那里的田产分布在多处，所以，泰戈尔多数时间居住在船上，沿帕德玛河四处漫游。

在孟加拉乡村度过的时光，既增强了诗人对自己终生热爱的大自然的亲近之情，又使他饱览了祖国农村水乡秀丽旖旎的风光。充满诗情的他，无限喜悦地观赏到了大自然中的广阔空间与奔流不息的河水。

河上生活的持续感和流动性，使他能够摆脱一切束缚和牵制。泰戈尔静静地坐在船上，观察着远方的树林和人们，让自己的心也如同河上漂流的船似的，自由地去思索、去创作。

激发出泰戈尔创作

热情的是普通农民的乡村生活，耳闻目睹他们艰辛的日常劳作，在社会习俗与外国统治压抑之下的艰难境遇与他们执著的斗争，他感到自己这才真正了解了人民的生活。

泰戈尔还收集了不少民歌民谣，并且对民间口头创作也情有独钟。他热爱这些勤奋朴实的人们，并且深情地关心着他们的生活。为着帮助农民，他鼓励农民自立，帮助农民掌握科学技术，树立信心。

开始，泰戈尔在自己家的领地里实施一个开发计划，后来又在“和平之乡”附近的一个地方建立了专门的实验场所。他利用自己有限的财力与物力，进行各种有益于农民的改革：譬如建学校、医院等公益机构，修筑道路和水利工程以方便生产、生活，此外还设置自治组织，并严禁高利贷。

西来达的庄园生活，使泰戈尔的创作激情喷薄而出，他的文思宛如水流倾泻而下：从1894年至1900年的7年中，他创作了几个剧本、为数不少的短篇小说和其他散文。

此外，泰戈尔还出版了几部比较重要的诗集。在短篇小说写作上，泰戈尔并无前人可资借鉴，因此可以说他的创作完全是他自己努力发掘传统、细致观察生活的结晶。

不能不承认，短篇小说是泰戈尔对印度现代文学的一项巨大贡献。泰戈尔大部分的短篇小说是他在帕德玛河上四处巡视父亲的庄园时所写就的。

在乡村期间，泰戈尔遇到了一些成年人和幼稚的孩童们，正是这些心地单纯善良的普通人，为他的心灵带去无限的感动，给他的创作提供了大量的素材。

泰戈尔曾在当时的一封信中，如此表述自己那时的情怀：

如果我什么事也不做，只写短篇小说，那我会感到一种巨大的愉快。而假如写得卓有成效，小说也能使为数不少的读者获得快感。

愉快的主要原因是我的人物成了我的伴侣，成了我那颗孤独之心的朋友。

在阴霾的雨天里我关在屋内，他们和我一起解闷消愁；在阳光普照的日子里，他们与我一块在帕德玛河畔徜徉。

丰富缤纷的生活画卷触动了泰戈尔的灵感之源，使他创作出不少堪称一流水准的短篇小说佳作。

《邮政局长》就是根据作者所闻所感构思出来的。《邮政局长》讲的是这样一个故事，一个受过教育的、城市里长大的青年，被安排在孟加拉一个疟疾猖獗的小村庄里担任邮政局长，小村子里一名叫罗丹的孤女帮他做饭。

漫漫的夏季长夜里，为了打发时光，他常唤来这个孤女做伴，给他讲自己心神向往的大城市的快乐生活，还教她读书写字。孤女罗丹在心底里深切地爱上了年轻的主人，并在邮政局长身患疟疾时昼夜服侍，使他恢复了健康。

但是，青年并未领会到孤女的情感，他病刚痊愈就准备辞职返回加尔各答。可怜的孤女请他带走自己，他没有同意，想给她一些钱，孤女罗丹痛苦地拒绝了，然后就跑得无影无踪。

单纯的女孩子以为她的爱情应当有所回报，可是这个美丽的梦想却被变幻莫测的生活无情地碾碎了。

当时的印度，妇女仍然没能得到解放，她们的生活和遭遇往往十分不幸。在泰戈尔宽广博大的胸怀里，一直藏有对孟加拉妇女的无限同情与关心。

泰戈尔在他的一生里始终关注着妇女的命运。他在两次旅英期间都曾撰文宣传西方女性自尊和独立的生活信念，并且鼓励印度妇女也来摆脱传统的束缚和桎梏，走向自强的新生。他在写于1878年的一篇随笔中，曾充满智慧地反驳了当时传统习俗轻视妇女的倾向。

那些人认为妇女的作用等于“0”，而泰戈尔则机智地对此做了位置的移动。他说，将“0”放在代表男人的“1”字的后面，男人就有了10倍于自身的力量；而倘若把“0”置于相反的位置，“1”就被女人变作了微乎其微、势力单薄的“0.1”。

在泰戈尔的短篇小说中，那些寂然无声地忍受着社会与命运捉弄的平凡的女性身上，也潜藏着强烈反抗的个性。

泰戈尔的小说中还有许多令人同情的身处社会最底层的妇女形象，同时他也描写了不少善良、忍辱负重的农民的形象。他满怀深沉的人道情感和对社会残忍与不义的激愤，以敏锐的艺术感受，观察和描绘他身边那些形形色色的人们，深刻地揭示了他们的性格与命运。

诗人为那受挫的理想和未及开花就先凋谢的青春而悲悯，也对人间的自私、冷酷和人为的不平等加以藐视和讽刺。

泰戈尔心中充盈着对贫苦人们深刻的眷恋和无私的爱，正是在这种人道主义的情感驱使之下创作出这么多不朽的杰作。

在泰戈尔的心中，永远奔涌着诗的激情，他是个天生的歌手。他热爱写诗，视诗如生命。他曾充满感情地写道：“我写一首诗的乐趣超过写好几篇散文，如果我能每天写一首诗，那该有多好。”

他努力地坚持着这样去做，不息地创作着。因此，他的辛苦凝聚成一首首心血之作。伟大的诗人仅在1894年至1900年间就出版了4本诗集，它们是《金帆船》、《微思集》、《缤纷集》和《收获集》。

泰戈尔那诗人的天才，甚至时时透露在他的短篇小说中：深入细致的情感与心理描写，行云流水般自然流畅的情节结构，以及带有浓郁抒情意味的景物描绘，都使得他的作品像一首首打动人心的美妙的抒情诗章。

在逆境中前行

当泰戈尔走近现实生活，关心农民的苦难时，他头脑之中的神秘主义思想也开始萌发了。

诗人在1894年的一封信中写道：

这种对于自己内心深处不可思议的神秘主义的知觉，使我不知所措。对于这种知觉我既无法理解，也无法控制，我不知它会在什么地方征服我，或我在什么地方征服它。我不知道我能做什么或不该做什么。

我不明白，同时也没有人询问我，什么东西在我的心中汹涌，什么东西在我的血管中流动，什么东西在我的头脑里悸动。真不知道有多少事瞒着我而发生，我既无法见到它，也无法同它商量。

我就像一架里面装着复杂的金属弦和零件的活钢琴，什么时候由谁来演奏？为什么？我一概无知。然而我知道，此刻在演奏什么？表达的是喜悦或悲戚？风格是刚健或轻柔？乐声是高亢或低沉？乐曲协调或不协调？我都了如指掌。但是且慢，难道我真的了解这一切吗？

这是一个敏感的诗人面对缪斯的真实表白：诗人在冥冥之中不知灵感何时袭来，也不明白自己的创作是怎样的一个过程。泰戈尔真诚地希望能够确切地了解自己内心深处是怎样被触动，自己笔下的诗行怎样像被无形的手操纵着，似小河般涓涓流淌出来的？他渴求认知这神秘的诗神。

世界上每一个曾像泰戈尔那样真诚地探视着自己的内心深处，反省自己的感受与感情，而又真诚表达自己思绪的诗人，都曾有过同样的困惑。正如每一个真正思想着的人，也都会扪心自问我是谁——我从哪里来——又向哪里去这些永恒的人生困惑一样。

敏感的诗人有时冥思苦想、坐卧不宁、寝食难安，而灵感却拒不出现。有时，不知从何处突然降临的诗神却神奇地差遣着他头脑中突如其来的感受与言辞，令他诗情不绝，妙笔生花。

泰戈尔思索着，也在真实地剖白着自己。这一时期，他在逆境中完成了四部诗集，第一部《金帆船》就这样神秘而真实地诞生了。

> 庄稼的收割已经结束，农夫在河边等待着，天空密布着汹涌的层层阴云，然而那河面上却没有一艘渡船。乌云在天空中轰响着，雨点也开始落下，忧郁的农民在田埂上俯视着茫茫河水。
>
> 这时，他茫然发现，远处，从雨幕中一艘金色的帆船缓缓驶来，上面模模糊糊像有位船夫在掌舵。粮食被装进了船舱，“还有粮食吗？”神秘的船夫问。
>
> “没有了，田野的庄稼已经收割完毕，我所收获的粮食也通通装上了船，现在请让我也上船吧！”农民回答。
>
> 然而船儿太小了，不能使农夫立足。农夫只得留下来，在荒凉的河岸边孤独地坐着，而那载着他辛苦劳动与血汗的收成却被金帆船运走了。那船行驶着，行驶着，没有人知道它将要航向何方。

这就是《金帆船》诗集中的第一首诗，诗的标题与诗集的题目相同，其中还有为数不少的诗句成了人们最爱引用的泰戈尔的名句。

《金帆船》这首诗作的中心寓意是值得人们认真思索的，它包含着深厚的含义。

那愁云凝集的天空、茫茫奔涌的河流、丰收的庄稼被带往不可知的去处，而辛苦的农夫却被孤单地留下来，唯有目送自己的丰收成果远去。所有这些形象组成了一幅奇妙的图画，诉说着人生的变幻莫测与神秘。

一段时间内，孟加拉文学界曾经围绕着这首诗的真实含义展开过激烈的争论："金帆船"代表什么，它的舵手是谁？诗人自己曾作过解释：他以为船象征着人生，它装载着我们的收获，在时间这条长河中行驶，将我们遥遥地抛在后面。

有的学者则进一步阐释说，这首诗说明的是这样一个真理，人类想减轻重负，渡往彼岸世界的渴望是永远不能实现的幻象。

金帆船就是生命本身的象征体，它在时间的河流里朝着未知的目的漂流，在生命这座金色圣殿里，人们献上自己的一切，也想献上自己，然而他们的财产已经十分沉重，等到他想摆脱自己这个沉重的包袱时，生命已片刻都不肯停留地从他身边驶过，并且永不回头。

对于泰戈尔萌发于这一时期的带有神秘色彩的情感与思想，印度著名的泰戈尔研究专家克里希那·克里巴拉尼曾这样评论：

> 这种神秘主义既不是他有意识接受一种信条或一种哲学，也不是他对自己感触颇深的迷乱现实的一种规避。泰戈尔从来不是哲学家，他觉得再没有比他那种用以说明一切事物的闭塞的公式化思想信条，更加令人厌恶和作茧自缚了。
>
> 他如此酷爱大地，酷爱生活，让他离开它们是永远不可能的，生活的奥秘永远强烈地吸引着他。他所遭受的痛苦，目睹的残酷与污浊，没有使他厌世；相反，他更加热爱人类生活。

他在1894年3月22日的一封信中写道："我们的善恶观念是何等造作与虚假啊！我感到，最优秀的宗教应同情一切生物，爱是一切宗教的基础。"

泰戈尔的神秘主义不是别的东西，而是他对万事万物存在的一种亲近感，是他对那条把一切有生物联结在一起，同时又把有生物与无生物、有形物与无形物联结在一起的链环的先知先觉。从这个意义上来说，这种神秘的知觉从他儿童时代起就已深深地扎根于他的灵魂之中。

这种神秘主义一直在泰戈尔的内心里动荡不安。在他生命中的这一时期，神秘主义在他的诗中萌发，仅仅意味着，他对自己生命中这条链环的探索。

泰戈尔对自己天才与命运的创造力量的追求，他对存在于他自己人格深处同时又超乎其外的最高人格的探寻变得更加有意识了。

从诗人思想发展的历程来看，如果说在《暮歌》中，泰戈尔还沉浸在个人的痛苦之中，是"少年不识愁滋味，为赋新词强说愁"的成长必经阶段，那么《晨歌》集中诗人则已经告别那种过于执著于自己小天地中悲欢哀喜的感伤，开始以崭新的乐观态度来对待人生了。

到了《金帆船》这一诗集的创作时期，已进入而立之年的泰戈尔已经学会了用平和安详的心去思考人类自身、自然界、宇宙和社会。在那纷纭多彩的种种现象背后，他执拗地追寻着、严肃而又充满理性地思考着一种真实的力量。

由于人类根本不可能完全了解或预知世间与宇宙的一切自然或精神法则，于是在诗人泰戈尔的心中，渴望了解一切的心灵的探求，便不可避免地使他的诗歌创作的指导思想中开始掺入了某种神秘主义的因素。

实际上，简单地把"神秘主义"这个概念加在泰戈尔身上，未免过于沉重了。其实，每个个体的人都会觉得，在自己生活于其间的这个宇宙里，甚至人类自身之中都有着不可以明确解答的千古之谜，而诗人那敏感、多思的心无疑会捕捉到这一点。

诗人泰戈尔只不过是以诗的形式真实地道出了心中的疑惑，这表明了人类的求知欲望在诗人泰戈尔身上，是以灵魂求索的形式更加鲜明地表现出来的。所以，只是简单地把“神秘主义”加在诗人身上，很可能就会忽略诗人心灵历程中的真实感受。

这一时期，除了短篇小说和诗歌之外，泰戈尔在戏剧创作上也是硕果累累。他写作的那些充满幽默之感的社会讽刺剧中，《老人的手稿》和《独身汉的俱乐部》这两部作品，至今在孟加拉舞台上仍长演不衰。

以无韵诗形式写作的抒情剧《齐德拉》是泰戈尔以这种形式创作的最后一部戏剧。

该剧本出版于1892年，是泰戈尔的名剧之一。剧中作者以浓郁的诗情画意和剧情所展示的真理给予了人们独特的美感。这部戏剧曾被译介到西方，并以话剧、舞剧形式出现在欧洲舞台上。

《齐德拉》是根据史诗《摩诃婆罗多》中的情节演绎出来的。曼尼普尔王的女儿齐德拉从小被当做男孩子抚养长大，她会武艺，具有一种男子的力量和女子的心肠，但她平淡、粗犷，缺乏女孩子特有的魅力。

一天，公主扮作猎人在森林中猎鹿，遇见了传闻中四处漫游的英雄阿顺那。齐德拉爱上了阿顺那，却在表白时遭到拒绝。公主于是恳请爱神赋予她一天的美貌，并且最终以苦行感动了爱神和春神。

两位女神决心满足齐德拉的愿望，赐给了她完美的容貌，不是一天，而是整整一年的时间。公主凭借神力变成光彩照人的佳人，阿顺那见到她之后，真是一见倾心，忘却了自己独身的誓言，向她求爱。

接下来的几个月时光，两个情人忘情地享受着爱情带来的欢乐，陶醉在两人世界里。然而齐德拉并未感到完美的幸福，她觉得自己以借来的美来征服爱恋的人是那么的虚伪和令人羞愧，她也深深地感到阿顺那迷恋的只是自己的身体，如今自己的身体成了自己的情敌。

内心痛苦而又矛盾的齐德拉请求爱神收回她的美貌。爱神宽慰她说：等到阿顺那厌倦了肉体享乐之后，就会在她身上发现真正的女性美。

果然，阿顺那慢慢开始悟出自己心灵的空虚与失落。作为勇士和英雄的他再次渴望行动和战斗的生活，也渴望见到森林居民们讲述的那兼有男人勇敢与女人柔情的公主齐德拉，盼望得到天长地久的精神之爱。他请求齐德拉让他与公主相见，并请求看到齐德拉的真实容貌。

此时，齐德拉乞求神收回了她伪装的美貌，出现在阿顺那面前的是那个勇武的公主，她说："我就是齐德拉，曼尼普尔的公主，我既不是情人所顶礼膜拜的女神，又不是为了取悦于男子而任人摆布的那种女子。如果你在危险的道路上，愿把我作为你的妻室，留在你身边；如果你让我分担你生活中的重担，那时你才会真正了解我。"

阿顺那发觉面前朴素的女子就是齐德拉时，他欢呼着："爱人，我的生命圆满了。"

齐德拉与阿顺那最终获得了圆满的爱情。《齐德拉》这个作品是泰戈尔所有创作中哲理性比较强的一部，剧情展示出什么是美、什么是永久的爱这样的问题。

作为诗人，泰戈尔剧中的对白充满着诗的独特的韵味。譬如，当阿顺那见到自己的情人的真实面目时，他这样说："我似乎永远不能正确地了解你。你对于我就像是一位隐藏在金像里的女神。我摸不到你，我不能以报酬来答谢你无价的礼物。"

"这样，我的爱是不完满的。有时候在你的忧愁眼光的谜一般的深处，在你嘲笑着本身的含义的游戏言辞里，我得到一瞥的感受：就是你要努力冲破你那疲倦优美的躯体，穿过微笑的空幻的面纱，在痛苦的火的洗礼中显现。幻象是真理的最初的面貌，她在伪装下走向她的情人。但是时候到了，她就丢开装饰和面纱，穿着朴素的庄严的衣服站了起来。我探索那个最终的'你'，那个赤裸的单纯的真理。"

泰戈尔通过这段话，揭示出促使生命永恒流动的，是追寻真、善、美的生活并且永不满足于现状的精神动力。他以《齐德拉》提出一种圆满完美的爱的理想：这种理想承受感官的享受，但指明生命中的精神之爱与精神之美才会占有最重要和最长久的地位。

在《齐德拉》这部自由诗体的抒情剧出版的同一年，也就是1892年，泰戈尔的第一部以散文体写作的社会喜剧《第一个错误》完成了。剧本描写了3个青年知识分子与他们的夫人之间想入非非的爱情幻想和婚姻危机。

剧中嘲弄了印度教顽固的保守自负和令人啼笑皆非的浪漫幻想，其中闪烁着机智而又风趣的火花，真可以与同时期英国剧作家王尔德的喜剧相媲美。

也是在这段时期里，泰戈尔又将《摩诃婆罗多》这部古代史诗中的一件简单的逸事，写成了一个展示忠于职守和知识与渴望爱情之间心理冲突的剧本，这就是1894年，泰戈尔第一次采用有韵律双行抒情诗体创作的那个独幕抒情剧《临别的诅咒》。

剧本的情节是围绕神魔之战展开的：巨人族的领袖修库拉知道不死的秘方，众神为了学到这个长生不老的秘密，让克乔到修库拉那里去当学徒。修库拉的女儿德布雅妮对克乔一见钟情，于是设法说服父亲收下了克乔做门徒。

克乔学到了不死的秘方之后，到德布雅妮那里告别。剧情即由此展开：德布雅妮在交谈中向克乔表白了自己的爱慕之情，克乔心中也爱着这个女子，但是，为了服从命令，他只能拒绝这份爱情。于是德布雅妮在临别前诅咒克乔学到的秘方永远不能发挥作用。

1896 年，泰戈尔发表了他的第二部有韵诗剧《玛丽妮》，这个剧的结构更为严谨，情节也更富戏剧性。

美丽的玛丽妮公主，出生在信仰印度教的国家，然而这位圣洁的公主却信仰佛陀思想，认为真理与爱情是宗教的身体和灵魂，并且还要将这信仰传遍全国。

对印度教疯狂信仰的克曼客企图强迫国王放逐玛丽妮，先是鼓噪群众，之后竟然勾结外国军队，妄想用鲜血维护信仰，只是由于他的一个朋友突然醒悟，将这一阴谋报告给了国王，充满血腥气味的混战才没有发生。

泰戈尔虽然出身于婆罗门家族，他的父亲又是一个伟大的印度教改革家，但是他对印度教的感情却是不那么虔诚的。他的虔诚只局限于对梵语文学遗产和对《奥义书》中深刻哲理的赞许。

他不满婆罗门主义一味宣扬自己的权威，更不满种族制度人为地将生来平等的人们分作不同等级的几类人，允许上层对下层的不公平的野蛮待遇的存在等。其实，在他心中一直对佛陀十分崇敬，因为他觉得佛陀宣扬了婆罗门及正统印度教中所没有的普遍同情与平等的人类之爱。可以说，《玛丽妮》这部戏剧也正是戏剧性地表达了他思想感情上对佛陀的倾向。

诗人后来还曾经在有关佛陀身世传说以及佛陀思想的基础上创作过为数不少的诗歌和戏剧。在这一时期，泰戈尔除了进行短篇小说、诗歌和戏剧的创作之外，在帕德玛河上巡视父亲的庄园之际，他还写了大量的散文。

这些散文囊括众多的主题，包括政治、教育、社会、宗教、语言学和科学等领域，它们充分地证明了泰戈尔是一个天才的思想家，真正是个多才多艺的人物。

这个时期有一部独特的、人格化的《五元素日记》成了他写作至此最具风格与特色的散文集。

在这部散文集中，泰戈尔把组成宇宙的五元素——风、地、水、火、空，加以人格化，让它们以戏剧人物的形式出现，其中水和火象征女性，她们感情丰富，渴望知识与情感；而另外的风、地、空是男子。

三者相比：地，反应迟钝，是愤怒的机会主义者；空，观点模糊；风，是个奢谈梦想的理想主义者。这5个人物互相讨论，争辩生活和文学之中的许多问题，而作者扮作调解员，不仅介绍他们各自的观点，还加以认真的阐述。

全书的笔调极为风趣，幽默与争论，知识与笑话相互交织，彼此相映成趣，是融知识性、趣味性于一体的不可多得的佳作，深受孟加拉人的喜爱。

1899年，泰戈尔还出版了一部格言集《碎片》，他采用的是传统的诗体格式、警句和寓言形式。这些充满机敏与睿智的格言早已深入人心，成为孟加拉人民现代语言中一个富有极强生命力的组成部分。

总之，在19世纪80年代至90年代期间，泰戈尔正走上他早期创作的巅峰。

他长于写各种体裁的文学作品，而且对语言、韵律运用自如，显示出非凡的艺术才能，而且这一时期，他的创作也开始逐渐贴近普通人民的生活。

作为诗人，泰戈尔一生中的许多重要思想，譬如对自然、生命、艺术和宗教的深入思索也从这阶段起开始走向成熟。

集会上的正义之声

英国对印度的殖民统治是在征服战争的进程中逐步建立起来的。东印度公司占领孟加拉后，曾经让那瓦布做傀儡进行统治，继而又实行“双重管理制度”：那瓦布当局管理民事，公司掌握征收田赋权。

早在1773年，英国国会通过《印度管理法案》，规定由英国政府任命英属印度领地的总督，“双重管理制度”结束。

1784年，英国国会又通过《改善东印度公司和不列颠印度领地管理法案》。根据这项法令，由内阁任命一个督察委员会来处理印度的一切重大问题；尽管任用一切文职人员和军职人员的权力，仍属于公司的董事会，但是统治印度的最高权力已归于英国政府。

18世纪末19世纪初，随着工业革命的进行，英国工业资产阶级经济力量日益强大。他们坚持要求开放印度市场，参与对印度的剥削。

1813年，东印度公司对印度的贸易垄断权被取消。从此开始了英国工业资本对印度掠夺的新阶段，印度日益变成英国的商品销售市场和原料供应地。

英国残酷地压榨着这个当时尚处于落后的封建时代的国家，视印度为本国工业的廉价原材料供应地和倾销市场。例如将上好的印度羊毛和棉花运回英国供应毛纺织业，又将成品运回，垄断印度市场，从中赚取印度的钱财。

自从1900年英国在印度设置了东印度公司之后，对印度人民的经济压榨愈演愈烈，而英国女王堂而皇之地成了印度人的女王。

印度丧失了自由自主的国家主权，成了英属殖民地。印度国土上随处可见的是金发碧眼的英国政府派驻的官员、英国传教士和商人，他们让印度人抬着轿子，摆出一副高贵的派头。

19 世纪的下半叶，印度的民族资产阶级和工人队伍终于形成了，从此，民族解放运动步入了全新的历史发展进程。印度的民族意识觉醒了，沉睡的民族巨人在自己国土上崛起。

英国当局为此惶惶不可终日，唯恐巨人早早就会成长壮大而后痛击自己，于是便显露出侵略者的凶残面目。

为扼杀印度国土上的民族主义情绪，1899 年 2 月，英政府逮捕了伟大学者、爱国者、民族运动“激进派”的领导人提拉克，并且在 2 月 18 日通过了镇压民族运动的《治安维持法案》。

1898 年，泰戈尔结束了对庄园家乡的管理和漫游，携全家来到了父亲在什拉依德赫的家。这时的泰戈尔已经 37 岁，是 5 个孩子的父亲。身为诗人、剧作家、小说家和随笔作家，他在印度已颇有声望。

热爱祖国的诗人面对眼前的景象，立即行动起来，投入到斗争的洪流。当时，孟加拉人民被英国的野蛮行径激起了万丈怒火，在加尔各答，群众自发进行集会，愤怒声讨侵略者。

《治安维持法案》通过的前一天，即 2 月 17 日，泰戈尔满怀爱国热情，在加尔各答的一个群众集会上，登台发表演说，宣读了著名的文章《无声的抗议》，泰戈尔发出了反对英国镇压政策的有力声音。

可敬的教育改革家

当告别了帕德玛河上的漫游岁月，泰戈尔开始担负起教育下一代的重任。虽然他为孩子们请来了一位英国家庭教师，但他自己却是孩子们最主要的老师。

在童年时代，泰戈尔就曾深深地感受到学校机械教育的苦处，所以他一直在努力探索着传授知识的最佳途径。他还著文对教育的基本原理、最终目的与教育方式等做了有意义的挖掘。但最终泰戈尔不再满足于仅仅写一些文章来研讨教育，而是亲身投入到教育改革的实践中去。

泰戈尔自己当年的学校生活本无丝毫幸福可言，当他面临着子女的教育问题，面对当时一般学校所实施的教育制度的弊病时，他思想中一些新颖的教育方法渐渐成型了。诗人渴望着能将这些新思维亲身付诸到实践中去。

1901 年，新世纪伊始，泰戈尔进行了一项伟大的尝试，不过并非在诗歌领域，而是在教育领域。

作为一位教育改革家的泰戈尔，希望创办一所由自己来管理的学校。

诗人遇到的第一个难题便是校址的选择。加尔各答那繁华的街市、嘈杂的人声，使得泰戈尔不愿将学校建在那里。他一向认为，自己的定居之处和未来的学校均应选在有着安静幽雅的环境，并且十分贴近大自然美好景色的地方。

诗人最终看中了桑地尼克坦这个“和平之乡”。1836 年，泰戈尔的父亲大圣人，在距加尔各答不太远的鲍尔普尔购买了一大块土地，并名之曰“桑地尼克坦”，意即和平之乡。大圣人很喜欢这处所在，经常前去享受自然的宁静与和谐，有时会隐居在那里，享受着一个人的宁静，沉思着、默想着。

当泰戈尔还是个小男孩的时候，曾经在追随父亲到喜马拉雅山游历之际居住在那里，而且他也和父亲一样，被桑地尼克坦郁郁葱葱的森林和苍茫的红土荒原迷住了。于是，泰戈尔选中了心中的这块圣地，想在桑地尼克坦这“和平之乡”亲自建立起一所他心目中的理想学校。

1901 年，在征得父亲的同意之后，泰戈尔将新学校的校址定在了桑地尼克坦，建立起后来扩展成为举世闻名的学府的“和平之院”。

当年的 12 月 22 日，泰戈尔在桑地尼克坦为自己创办的学校揭了幕。当时，这所学校的全部成员仅有包括他的长子在内的 5 名学生和 5 名老师。

在泰戈尔的头脑中，古代印度人们在森林静修的理想画面一直深深地吸引着他。在古木参天、远离尘嚣、深幽宁静的树林里，英明的圣贤和门徒们同住在一起，教学生们过简朴的生活，并教诲他们从小树立崇高伟大的理想。

古代印度的经典之作《奥义书》就是在这种清新宁静的环境下，在平等友好的气氛中形成文字的。

泰戈尔自己热爱简朴的生活和美丽神奇的大自然，他希望把学校也办成理想中修身养性的学园，让学生和教师都享受到传授知识的快乐，从而一改自己小时候所受到的从英国维多利亚女王时代移植到印度国土上来的那种机械死板、毫无生机的教育方式，泰戈尔想将古典理想与现代教育环境完美地结合起来。

在古印度，文人们并不像欧洲的文人墨客那样居住在城市里，而是住在乡村，很多人还隐居在森林中，过着遁世的隐士生活。

泰戈尔信仰世间万物的和谐统一，于是将他的学校建于景色宜人的自然环境之中。

学校设备十分简单，生活也非常俭朴，不设教室和桌椅。上课时，师生们就一同围坐在大树之下，让学生在大自然的怀抱里，首先通过四肢五官来认识世界，永远同世间万物保持一种完整而又连绵不绝的和谐。

泰戈尔盼望以和平宁静的大自然给孩子们纯洁的心灵以清新的陶冶，从而使他们既能愉快而又简单地通过自己的种种感受去认识周围世界，又能激发他们的好奇心和自己动手生活的能力。

除了以上的设想之外，通过某些劳作或工业活动进行教育的思想和实践最早也都发端于桑地尼克坦。

较之加尔各答舒适的城市生活条件，桑地尼克坦的生活显得异常艰苦，学校师生的饮食也是以素食为主。学生们必须学会自力更生，学习的同时还必须学做一些体力劳动以满足他们的生活所需。

在学校的 5 名教师中，其中有 3 人是基督徒，还有一个是英国人。这样大胆的安排和聘任，在当时社会舆论界和保守派的眼中，实在是出格妄为。然而泰戈尔毕竟有他自己的考虑。他所聘请的教师，多是艺术家或富于艺术气质的人，他将教师和学生的住处安排在一起，在师生的共同生活中，老师自身的美好情操可以感染和熏陶学生。

泰戈尔还时常让学生们为周围群众义务劳务，以培养他们的爱心。在教学过程中，既有体力劳动，又有脑力学习，不仅教给孩子们文化、科学知识，还注重音乐、戏剧、美术的教育，从而使学生们各方面得到健康成长。

泰戈尔讲究快乐、自由学习的气氛。他先让孩子们自由学习母语，并不一开始便强迫他们机械地背记外国语。

就在泰戈尔正辛勤地为自己祖国教育制度的完善进行创造性的拓荒之时，社会舆论却经常对他施以猛烈的指责和冷嘲热讽。

一些保守主义者认为他妄改祖先的教育体制，而请信仰异教的人做教师，更是对印度教教规的亵渎。激进的改革派也觉得泰戈尔竟敢遵照古制教育现在的学生，实乃思想保守、僵化顽固的典型。即便是那些怀有良好祝愿的人们，也认为建好这所学校只不过是诗人的白日梦。

由于缺乏社会各界的支持，在很长一段时期里，学校的资金和人手都出现了严重的短缺，况且学校的吃、住几乎是免费供应的。为了继续维持开支，泰戈尔艰难地筹措资金，还把自己的部分房产和藏书变卖掉以继续着自己的教育改革事业。

泰戈尔忠实温良的妻子为了支持丈夫的事业，毫不犹豫地献出自己的珠宝首饰，并慈爱地关怀学校里的每一个孩子。她还时常抽时间来为孩子们烹制可口的饭食。

虽然在那个时代，教育者是印度被歧视、被凌辱的低种姓之一，但泰戈尔义无反顾地从事着教育事业，他以极大的热情投入到自己理想的实践之中去。

泰戈尔事必躬亲，不仅参加学校的管理和建设，还亲自执教。他热爱儿童，真心真意地与他们生活在一起。当他发现在孟加拉没有合适的初级读物和教科书时，便亲自编写了 4 册孟加拉文《初等课本》，入选的都是优秀的文学作品。后来，他编的课本也被孟加拉的其他一些学校所采用。

此外，泰戈尔还坚持写作了大量的儿童文学作品，有诗歌、故事、戏剧和童话等体裁。内容分外充实，迄今仍受到孟加拉和世界各国儿童的喜爱。

泰戈尔的辛劳没有白费，他留给后人的是无价之宝。他所首倡并实施的学生应进行劳动的主张，后来被印度民族主义运动领袖甘地归纳到今天印度称之为“基础教育”的制度之中。他废除了一切体罚学生的制度，后来还实行了男女同校的新举措。

泰戈尔正因为早年曾深受野蛮、机械的教育制度之苦，故而他痛恨压抑和束缚儿童的天性。他衷心地热爱孩子们，因此，能在他的学校里读书的孩子们是幸福的。

泰戈尔兢兢业业、费尽心力而又充满热爱之情建立的这所学校，终于在几十年后发展成为世界上著名的一所国际大学。

这所“和平之院”的学生们接受了良好的教育，带着健康的身心步入社会之后，纷纷撰写了对母校美好生活的追忆文章，后来集成书出版。从这本记载着当时流行的无数趣闻逸事的作品之中，后人可以体味到泰戈尔创业时的艰辛。

到后来的1913年，泰戈尔游历英国时，与友人谈到想将“和平之院”改成一个东西方文化会合的中心。泰戈尔的想法得到了友人的支持与帮助，有英国学者与他一同来到印度策划此事。

1920年至1921年，泰戈尔再次去了欧洲，在他回国后，就将“和平之院”正式改名为“国际大学”，宗旨：为世界和平、东西会合。

经历不幸的一年

上帝似乎为了考验新信徒的虔诚和力量，又把巨大的痛苦降临在泰戈尔的头上。妻子默勒纳莉妮·黛维患了重病，1902 年 11 月 23 日辞世。

在回忆那个悲痛的事件时，他的长子罗梯德拉纳特写道：

> 在医生丧失希望之前，母亲心里已经明白，她的死期将临。当我最后一次到她的床边时，她已经不能说话，但看到我，泪珠突然从她的眼眶里滚了出来。
>
> 次日清晨，我们来到妈妈房间的阳台，一片不祥的寂静笼罩着整个家庭，好像在深夜，死亡的阴影已经蹑手蹑脚地潜入家里。

傍晚，为了保存温馨的缅怀，泰戈尔给妻子穿上一双拖鞋。巨大的悲痛降临在泰戈尔和他的儿女们身上。

默勒纳莉妮还是一个小女孩的时候，就嫁到了泰戈尔家。尽管泰戈尔以坚忍不拔的精神忍受痛苦，但痛苦并不因此而减轻。

在他妻子活着的时候，泰戈尔没有对她的爱作出充分的估价并进行偿还，这种遗憾格外加重了他的痛苦。他们是按传统习俗结合的，不是一个爱情的婚姻。

当妻子第一次进入泰戈尔的生活时，泰戈尔与其说欢迎她，还不如说是容忍了她，这种情况是完全不能排除的。

默勒纳莉妮既不漂亮，又没有什么吸引人的地方，而且她是那么年幼，以致不能成为他的伴侣。

在他们结婚时，她只有 11 岁，而 22 岁的泰戈尔已是位陶醉于自己天才的俊秀而热情的青年了。但是，她慢慢地成长着，用她淳朴和踏实的举动，用她温存和崇高的品质以及在操持家务中的非凡才干，弥补了她魅力的不足，所有的人在她家里都得到了热情的接待。

整整 20 年，她以无限虔诚的感情照顾着泰戈尔的生活，生了 5 个孩子。虽然她年轻、又生活在一个高贵和素有文化修养的环境里，然而她的衣饰是十分简朴的，她也许从未戴过任何贵重的首饰。她高兴地把丈夫的纯洁理想看成自己的理想。

默勒纳莉妮只是在泰戈尔阻止她给孩子穿戴色彩鲜艳的衣服时，才表示过异议。当然，毫无疑义，她在协调丈夫的空想和言行方面十分为难：一方面，他强调朴实和节俭；另一方面，他又希望隆重而热情地接待自己的客人和来访者。

幸好，在那种场合下，默勒纳莉妮精通烹调艺术的才干给予其巨大的帮助。他们去旅行时，诗人强调只带些必不可少的东西，特别见到那些瓶瓶罐罐的炊具，就直皱眉头。

默勒纳莉妮一声不吭，把这些东西悄悄地藏在篮子里，笑着说：“你是多么奇怪的人！到了那儿，朋友来了，我到哪儿去搞一块块美味的馅饼？”

目不识丁的情况没有持续多久，默勒纳莉妮不仅掌握了孟加拉语，同时学会了英语和梵语。在丈夫的严格要求下，她用孟加拉语改写了梵语的简易读本《罗摩衍那》。

不仅如此，默勒纳莉妮还登台演出了泰戈尔的戏剧《国王和王后》。她对角色的分析，真是入木三分。所以毫不奇怪，最后，她在丈夫心里赢得了自己的地位。

泰戈尔在她患病时，为自己的忠诚提供了大量的证据。整整两个月，他昼夜看护她，拒绝雇用职业看护。

当时还没有电扇，有人在描绘亲眼目睹的情景时说，泰戈尔一直坐在自己年轻妻子的床边，缓缓地摇着扇子，她死后，他通宵达旦地在阳台上踱来踱去，严禁家人去打扰他。

像往常一样，泰戈尔这次悲痛的心情也反映在诗歌里。这些诗歌一共有27首，以小诗集《追忆》的形式出版。无论是感情的深沉和温柔，或是感触的质朴，它都是值得称颂的。

在诗歌里，没有过多的自我怜悯，而是以一种感人肺腑的形式表现出来。泰戈尔在一首诗中写道：

在无望的希望中，
我在房里的每一个角落找她；我找不到她。
我的房子很小，一旦失去了东西就永远找不回来。
但是你的房子是无边无际的，我的主，
为着找她，我来到了你的面前。
我站在你薄暮金色的天穹下，向你抬起渴望的眼。
我来到了永恒的边涯，
在这里万物不灭——
无论是希望，是幸福，或是从泪眼中望见的人面。
呵！把我空虚的生命浸到这海洋里吧！
跳进这最深的完整里吧！
让我在宇宙的完整里，感觉一次那失去温馨的接触吧！

泰戈尔在妻子的遗物中，发现了他给她的一沓信札。她把这看做一笔巨大的财富，小心翼翼地保存着。他见了它们，心潮起伏，思绪万千。

1902年的这一年里，是泰戈尔历经死亡与痛苦的不幸的一年。

一个接一个的生离死别造成的巨大痛苦，纷纷降临在他的头上。命运的巨轮飞速而又无情地转动着，碾过诗人的心。

接二连三的打击

泰戈尔的妻子去世后没有几个月，他的二女儿、童年时代就成婚的莱努迦也身患重病，医生劝她到高原地区疗养，换换空气。

于是，1903 年，泰戈尔带着二女儿、三女儿米拉和小儿子萨明德拉纳特·泰戈尔，先后到喜马拉雅山的哈扎利公园和阿尔莫拉。他不仅要照顾生病的莱努迦，还得照看两个失去母爱的最小孩子。

为了给失去母爱的孩子们以欢乐，泰戈尔不得不强忍着内心深处的痛楚与哀伤，同他们一起嬉戏，注意地倾听孩子们幼稚而又充满童趣的言语。

同孩子们在一起的这段日子里，诗人从孩子们的天真可爱而又浪漫的话语里吸取了许多乐趣，并受到启发，创作了很多美好纯真的儿童诗，这些动人的儿童诗后来集为一册，定名为《孩子们》，其中的大部分后来都收进了英文诗集《新月集》之中。

1903 年，在母亲去世 9 个月以后，13 岁的莱努迦也因病告别了人世。生性活泼敏慧的莱努迦，是个很有自己独立见解的姑娘，她富有才华，很得父亲的器重和喜爱，认为她将来长大以后一定会是个非凡的女孩。

莱努迦小小的年纪便夭折了，做父亲的心中那份伤悲与惋惜是可想而知的。

在不到一年时间里，泰戈尔连连痛失亲人，可这些接连而来的打击并没能摧垮他的精神，他并没有将心中无限的悲痛表现在脸上，而是埋头在自己的工作中，不停地扩充自己编辑的《孟加拉观察》这一杂志的内容，增加其篇幅。

同时，泰戈尔的新作品也源源不断地从他笔下流淌出来。

或许也就是在闭门创作、工作的这段时间里，泰戈尔学会了以真正宽容平和的心态来接受死亡，他明白了死是生命的一部分，而他之所以愈发努力地劳作着，则是为了将死去的亲人们未尽的人生活得更好一些。

此时，泰戈尔似乎在精神上与死神达成了和解，并从死的悲痛中看到生命和谐的运动规律。

女儿去世后仅 4 个月，泰戈尔又面临着另一个悲痛的死别。他非常喜爱的萨迪什·拉易，一位年轻有为、才华横溢的诗人，突然染上了天花，不幸死去。

萨迪什·拉易在桑地尼克坦学校教书，在思想上他和泰戈尔有许多共同之处，泰戈尔像对待自己亲生子女一样对待他，而且还盼望在不久的将来，他能够成为自己工作中的得力助手。可如今，命运却夺去了这个年轻的生命。

由于担心学校里其他师生也会受到天花的传染，所以泰戈尔便决定将桑地尼克坦的整个学校都一起搬迁到什拉依德赫父亲的家附近。

过了一些日子，学校的经济再度面临拮据的境况。为了继续将学校维持下去，泰戈尔被迫以 2000 卢比的低廉价格，把自己所有作品的有限版权拍卖给了利益出版社。

生活一再地将不幸与悲痛带给诗人，仿佛是有意在考验他的心理忍耐和承受能力，锤锻与磨炼他的意志。

可是，这噩梦并未就此终结，在痛失爱妻及爱女之后不到 3 年，1905 年 1 月 19 日，又一个不幸降至泰戈尔的头上，他尊敬和热爱的父亲大圣人代温德拉纳特在 88 岁的高龄上逝世了。

对于泰戈尔来说，代温德拉纳特既是慈父，又是严师。正是这位卓绝非凡的人为印度的社会生活设定了新的道德与思想的美好理想，他还用自己实际的改革行动，为印度历史带来了一个宗教和文化的复兴时代，从而指明了印度政治觉醒的道路。

这个伟人的逝世给整个印度造成了不可估量和无法弥补的损失。同一年，在大圣人去世的前后，孟加拉在政治和社会生活中均经历了巨大的动乱：发生了自治运动。这一运动最初仅起于对寇松勋爵分割孟加拉阴谋的抗议，但到后来则迅速发展成为一场席卷全国的轰轰烈烈的自治运动。

这场自治运动是一场政治运动，目的在于反对英国政府有意违背民族意愿、分割孟加拉以削弱其力量的阴谋。

与此同时，这场自治运动在某种层面上又带有经济运动的性质，人们希望借此振兴印度民族工业，以抵制英国及其他外国的产品。

英国政府万万没有料到，分治的法律如一石激起千层浪，它不仅引起孟加拉和全印度各阶层人民的义愤，更加速了印度民族觉醒的进程。印度第一个民族解放运动的高潮终于来临了。

民族英雄

有勇气在自己生活中尝试解决人生新问题的人，正是那些使社会臻于伟大的人！

——泰戈尔

谱写爱国歌曲

20 世纪初，印度和英国之间的矛盾日趋激烈，印度民族独立意识逐渐觉醒，而印度民族解放运动也已走向成熟。

当时，担任印度总督的寇松勋爵是一个狂妄顽固的殖民主义分子。他在任英国驻印度殖民属国总督的期间，丝毫不顾印度人民的民族感情，肆意采取一系列严厉举措来加强对印度国家和人民的压制与欺诈，不遗余力地推行殖民主义的剥削政策。

在寇松勋爵任职期间的最后一年，即 1905 年，他竟然一手遮天地颁布了全孟加拉分治的法律。

原来的孟加拉邦囊括孟加拉、比哈尔和奥里萨 3 个邦，有人口 7800 万，其中约有 4100 万是孟加拉人。而在这些孟加拉人中，一半信仰印度教，另一半则信仰伊斯兰教。他们中的伊斯兰教徒大多居住于东孟加拉，而印度教徒则主要分布在西孟加拉、比哈尔和奥里萨。

可现在，英国驻印度的殖民政府却有意将东孟加拉加上阿萨姆邦划分成为“东孟加拉与阿萨姆邦”，让其余部分仍保持原称“孟加拉邦”。这样一来，新成立的一帮中有 2/3 为伊斯兰教徒。

同时，重新划分的孟加拉邦中的孟加拉人比以往严重下降，还不足 1/3。英国殖民当局宣告孟加拉分治的新法律的目的，就在于分裂孟加拉民族，煽动宗教仇恨，从而造成民族分裂，削弱印度民族解放的战斗力量。

险恶的寇松勋爵颁布的这一分治法律，立即引起印度举国上下的愤怒与强烈的反对。

1905 年 10 月 16 日这一天，即分治决议生效的那天，定名为志哀日。也就是在这一天的清晨，在加尔各答街头，有史以来规模最大的有组织的大游行、大示威爆发了。

情绪激昂的人民高声呼喊着爱国口号，大声齐唱着爱国的歌曲，毫无惧色地向恒河之畔挺进。为着配合这场大游行，加尔各答全城的市民们也同心协力，商店一致歇业，居民们也不生烟火。

面对祖国的和平团结受到严重威胁的这一情势，泰戈尔当仁不让地加入到了保卫祖国利益的大军中。

泰戈尔并不是天性激烈的政治活动家，他不喜欢过于极端的言行。他毕生在社会生活里所追寻的基本宗旨，正如同他在创作事业中所追寻的美学理想一样，是宁静与和平。

也正因为如此，直至自治运动风起云涌之前，泰戈尔在政治上还只是采取和恪守着一种有节制的态度，他和一些政治运动的领袖存在一些分歧。

泰戈尔有时在集会中演讲，并且会撰写文章以抗议英国对本民族和国家的压制与污蔑，想方设法地去维护印度的民族自尊心，但他绝对不是一个政治运动的积极的参与者。

这是因为当时印度全国的政治活动尚缺乏民族意识，而且他还觉得，那些政治运动的领袖们对自己国家各方面的真实情况与现实处境仍没有足够的了解。

在一定程度上，这些领导者也只是热衷于政治上的你争我夺，而对祖国的发展事业非常冷漠。不过，在诗人那洋溢着热烈情感的心胸里，爱国的热望与激情却始终汹涌澎湃，从未消退半分。

泰戈尔以他比常人更细腻的情感，更炽热的情怀，盼望着祖国母亲的独立与富强。他永远是一个坚定不移的爱国者。

因此，当自治运动举国上下都行动起来，证明了全印度的民族意识已不再沉睡的时候，泰戈尔也以满腔赤子之情，自觉地投身于这一运动之中，并且成为自治运动的先锋战士。

诗人在许多公开集会上发表了激动人心、热情洋溢的演说，并组织规模巨大的反对分裂祖国的游行示威。此外，他还展示了他的音乐家的天赋，写下了大量令人难以忘怀的歌曲。

经泰戈尔之手谱写的这些爱国乐曲，在群众集会和游行示威的队列中被广泛传唱，并迅速传遍了整个孟加拉。

因此，人们特别喜爱泰戈尔的歌曲，因为其中有着可以给他们以鼓励、赋予他们以热情的感人篇章，并且真正倾诉出了他们自己的感情。在泰戈尔写作的歌曲中，由于他认为在爱国的同时不应当排外，因此他在歌词中并没有直接地批驳殖民主义的罪恶。

当时，有些学生仅仅是因为演唱了爱国歌曲，就被所就读的学院扫地出门。泰戈尔认为不能让这些爱国学子的学业被无理中断。为了组织他们继续完成学业，他和其他一些教育专家们共同制订了一项有关民族教育的计划，并特意为此项计划组成了一个专门的委员会，即国民教育协会。

泰戈尔在这个国民教育协会的历次集会上连续进行了一系列有关文学理论的讲演，题目分别有《美与文学》、《美感》、《世界文学》和《文学创作》等。这些讲稿后来以《文学论》为名成书，并于1907 年出版。

理智的民族运动领袖

泰戈尔不是一个只空喊爱国主义口号的爱国者，他认为应当将那种刚刚觉醒的崭新而又火热的情感尽力引导到可以使孟加拉民族真正复兴发展的实际事业之中去。

泰戈尔认为，在异国殖民统治长达数百年的祖国，百废待兴。于是，他便在演讲和文章中大声疾呼，提醒印度人民和民族解放运动的领导者们对实际工作的关注，并且提出了一系列有关复兴民族实业的纲领、计划和设想。

泰戈尔脚踏实地、以质朴感情热爱着自己的祖国，并渴望以实际行动使祖国繁荣昌盛，他凭着自己睿智的目光、敏感和直觉，在他的这些讲演中几乎预见到了后来成为圣雄甘地所领导的群众运动的理论方针。

但是，没过多久，泰戈尔与那些政治家们之间的分歧便显现出来。这些差异的根本起因就在于：在那些倡导爱国与团结的领导者中间，大概只有他一个人对于自己的国家的现状和未来作出了清醒的判断和合情合理的展望。

在那些高呼爱国口号的倡导人里面，泰戈尔也是唯一的一个曾经在印度民族教育事业中做过尝试的有实际经验的人。所以，他似乎总在言行中与别的发起人背道而驰。

当别人忙着要毁坏的时候，泰戈尔却忙碌着去进行重建。当别人狂热地主张着要把外国货通通烧毁的同时，泰戈尔却一再地强调应当一步一步地去发展复兴本民族的传统技艺。

当别人在加尔各答梦想着自治独立，发表激昂的演讲之际，泰戈尔却不合时宜地宣传要到印度贫穷的农村中去做一些实际的工作。

更让某些人气恼的是，当他们一致声讨英国罪恶的同时，泰戈尔则不遗余力地揭露印度国家中人为的种姓制度的罪恶以及人民的贫弱、愚昧和没完没了的疫病。

正是由于多方面意见的不和，泰戈尔与其他的领导者们之间的关系逐渐冷淡，距离日见疏远。

与此同时，民族解放运动日趋尖锐化并逐步走向冲突与暴力的局面，这一切使得泰戈尔的思想再次发生了深刻的变化和逆转。

1905 年发端的自治运动，到了 1906 年以后，主要演变为政治斗争。当时印度的政治斗争中矛盾异常尖锐，群众性爱国主义的风暴更为激烈，规模也继续壮大。

仅 1906 年一年，孟加拉就先后举行了数百次的群众抗议集会，不仅工人们罢工，学生们罢课，连农民也开始加入到斗争之中，在孟加拉点燃的星火已呈燎原之势，逐渐扩大到全国，汇集成印度全国性的群众爱国运动。

1907 年，斗争的烽火仍越演越烈，加尔各答的群众示威此伏彼起，而且这些示威活动最终往往发展成与警察的正面冲突。

英国驻印度的殖民政府为此逮捕了民族解放运动的领导人。在殖民当局对这些运动倡导者进行审讯的那段日子里，每一天都有群众的抗议大会召开。

当时英国驻印度的总督在写往伦敦的信中作过这样的比喻：整个孟加拉就像一座火药库。即便是英国本土的政府也开始担心起印度的武装反抗即将发生。

正当民族解放运动即将酝酿成武装斗争的当口，泰戈尔却急流勇退，逃避了将临的革命风暴。

诗人这样做的根本原因，在于他思想上的矛盾和困惑，他渴望印度独立与自由，但他却希望人民不去理会政府的不合作态度，和平地解决这一问题，如果不惜一切手段，甚至通过暴力来推翻英国殖民统治，那么代价就未免太大。

思想上的新危机使得泰戈尔退出了斗争洪流，但这样的事实不可更改。泰戈尔是高扬着旗帜前进的旗手之一，他鼓励人们去战斗，当运动的现状超出了他的理想之际，他便放弃了举在手中的大旗，置紧张的斗争形势于不顾。

因此，泰戈尔的退却遭到了来自各方的严厉批判。激进的运动领导人谴责他虎头蛇尾，广大的公众咒骂他是在背叛自己所属的民族和国家。

英国驻印度的殖民政府更认为他是个对自己的统治产生威胁的人物，所以一面暗地里监视他，一面偷偷地下达秘密文件，勒令那些印度的亲英分子以及在印度殖民政府中任职的工作人员，不得把他们的子女送到泰戈尔的学校读书，更严禁以任何形式对桑地尼克坦学校进行支持和援助。

泰戈尔被彻底孤立了，面对理想与现实的差距，他感到孤独和苦闷，他的心中全都是解不开的困惑和疑团。

作为一个感情真诚、行事率真的人，迷茫之时，泰戈尔选择了后退与隐居，结果引起了几乎所有人的不满和对他的孤立。这一时期，泰戈尔在感情上无疑受到了重创。

无论如何，泰戈尔选中的道路是别人无论如何也不可能更改和左右的。其实，这个举动恰恰证明了他绝不是一个借斗争之机取得个人私利的政治投机者，也证明他在斗争剧烈变化的同时，仍然保持着自己的清醒的头脑。

为祖国的苦难呐喊

当远离了民族运动斗争之地，泰戈尔就背负了无尽的苦闷与孤独。他将自己的全部精力都投入到桑地尼克坦学校的教育工作和自己所热爱的文学创作中去。他似乎不知疲倦，不停地书写着，呐喊着，在文学领域表达自己的所思所想。

从 1906 年起至 1911 年，泰戈尔撰写了许多关于社会、政治、教育、哲学、文学史、文学理论与批评、语言学及民间文学等多方面的文章。

这些文章多数语调轻快优美，分析层次有致，其内容几乎涵盖了祖国文学的全部精髓。正因为如此，当时有不少评论家都满怀敬意地指出，泰戈尔在印度民间文学的开掘中，作出了意义深远、不可磨灭的贡献。

在所有这些文章里，还有 4 册文学评论集很值得一提，它们是《古典文学》、《现代文学》、《民间文学》和《文学及一般文学评价》，这些评论集的出版，使印度读者受到了很大的教益。

这一时期，诗人还写下了不少充满着讽刺和幽默气息的随笔文章，而且尤为重要的是，他又完成了一部新的诗集《渡河》。

泰戈尔当时心中迫切地盼望着的，便是希望从有限的领域过渡到遥远的无限的彼岸世界，达到神灵们的境界。

几乎所有具有神秘气质的诗人，在目的将要到达的时刻都会拥有一种共同的体验，那就是深感彷徨，甚至沮丧。泰戈尔也有类似的体会。

在 1906 年出版的这部《渡河》中，神的行踪已不再迷茫而不可知，而且，诗人还更加热烈地感觉到与神的距离虽然遥远，但当自己渡过河水，很快就会拜临神的面前。

由于满怀过渡到彼岸的热切心情，诗人便不可避免地具有强烈的期待感和等候神之召唤的感觉。等待会产生焦躁不安，而焦躁不安的情绪就会迅速地直接导致郁郁不乐。

在《渡河》中的诗篇里，泰戈尔想到自己可能已无法继续坚持下去的软弱，他对同伴说道：

原谅我，兄弟们，
我的体力正在衰退，
我已跟不上你们的步伐，
我想在这荫凉的树林下喘一喘气。
请不要等候我。
请不要召唤我这个掉队的人吧！

在《渡河》中，大部分的诗篇都带有象征色彩和朦胧的意味。在这些饱含情感的诗行中，诗人把自己幻化成假想的形象：或是把自己比做深夜等候情人的少女，或是将自己视为一个四处求乞的乞讨女孩。

泰戈尔以这种种方式来表达和抒发自己希冀与至尊之神相会的迫切愿望，以及由此而萌生的夹杂着欢乐、悲愁、追悔与期盼在内的纷繁复杂的思绪。

后来，《渡河》这部诗集中的11首诗被选入英文诗集《吉檀迦利》，还有一些被分别收入《园丁集》、《采思集》和《爱人之赠品》之中。

当时，泰戈尔在剧本创作上也取得了很高的成就，他的剧本思想大都体现了当时社会人们的价值观，比如对祖国未来的看法，以及对民族运动的观点等。

正当泰戈尔陷于自己的思想苦闷之中，同时又受到外部社会孤立和打击的时候，又一个家庭生活中的不幸与他遭遇了。

1907 年 11 月，泰戈尔最小的儿子萨明德拉突然被流行的霍乱传染，很快死去了。当时，萨明德拉只有 13 岁。

这个晴天霹雳使泰戈尔感到了最深重的凄楚。

萨明德拉是个聪颖活泼、可爱而又有天分的孩子，诗人盼望他长大后能像自己一样，成就一番事业。然而世间事往往事与愿违，所有殷殷的愿望都随着小儿子的一去不回而灰飞烟灭了。

似乎是冥冥之中的安排，萨明德拉是在母亲的忌日那天去世的，这更使得泰戈尔肝胆欲裂。从 1902 年至 1907 年的这 5 年之间，死神似乎住在了泰戈尔的家庭之中。短短的 5 年时间里，他的家已被死亡冲击得几乎要毁灭殆尽了。

现在最小的儿子也离他而去，泰戈尔心中那无限的伤悲简直无法用语言表达。

当时的泰戈尔，只有 3 个儿女是他最亲的人了，可是他们却又都不在他的身边。大女儿在孟加拉邦丈夫的家中居住；长子于一年之前被他自己派往美国钻研农业科学，远隔万水千山；三女儿米拉也在几个月前出嫁。

幼子的突然夭折，使得诗人在熙熙攘攘的众人之间孑然一身。悲痛与孤单愈发加重了诗人精神上的沉郁和苦闷，给他以难以忍受的折磨。

为了排遣自己内心的伤痛，泰戈尔决定住到自己什拉依德赫的庄园中去，在那静默无言的自然风景中安安静静地独自住上一段日子，以慢慢地弥补心灵上的创伤。

但是，精神上的沉重打击并不能把泰戈尔打倒，也并未使他沉沦下去。相反，深沉的感情反倒使得他的创作更具崇高、纯洁的艺术气质。泰戈尔在这段艰苦岁月里捧出了他丰硕的创作成果：长篇小说《戈拉》。

《戈拉》这部小说首先是于1907年至1909年连载在印度的《布拉巴希》杂志上，后在1910年正式出版。它的出版证明泰戈尔作为现代印度首屈一指的小说家之地位已毋庸置疑。

这部小说在印度现代小说史上具有十分重要的地位。甚至可以这样说，即使泰戈尔只写了《戈拉》这一部作品，没有创作其他的长篇和短篇小说，他作为现代印度首屈一指的小说家的地位仍然也是无可置疑的。

《戈拉》颇具重大的时代意义，但它并非充塞了形形色色的论证和说教，而有着一部文学名著所应具备的韵味与魅力。

作品人物刻画得优美动人，笔法的酣畅灵活，景物描绘得诗情画意，再加上那栩栩如生地剖析出的人物之间的矛盾斗争及人物内心的纷繁变化，使得整部小说在多方面都达到了全新的水平。

《戈拉》所展示的是19世纪70年代至80年代民族复兴时代的孟加拉的社会生活。当时，反对英国殖民统治、追求民族独立与自由的思想已蔚然成风，可是以何种方式来展开民族解放运动，却各有不同。

泰戈尔作为一个真挚地爱恋着自己祖国的诗人，他希望将新旧传统中一切好的东西通通地吸取过来，以建设自己的国家。在

这一点上，他是个处事公正的爱国者。

《戈拉》的创作起因，与一位外国女子不无关系。爱尔兰妇女妮凡迪塔因为笃信印度教教义，成为该教大师韦伽难德的信徒，并于1898年来到印度，在加尔各答创办了女子学校，著书立说向全世界介绍印度文化与印度教。

与她相见时，泰戈尔赞赏她的执著信念与无畏的勇气，却因为她那比印度教徒还印度教徒的言谈而不禁微笑。

一天，来泰戈尔家中做客的妮凡迪塔留住于什拉依德赫的庄园，晚上，两人面对着坐在船中，在妮凡迪塔的一再要求下，泰戈尔给她讲述了一个“戈拉”的故事。

和妮凡迪塔一样，戈拉是一个爱尔兰人。他的生身父母在1857年印度独立战争中阵亡后，一个印度的婆罗门家庭收留了这个孤儿，富有爱心、文静娴雅的安南达摩依对待他就像自己的亲生儿子。

长大后的戈拉热情开朗、英俊倜傥，并且严格恪守印度教所有的教义，维护着种姓制度的纯洁，成了印度教的保守主义者。戈拉对印度教极为虔诚，认定印度教是唯一优秀的宗教，只要坚持印度教的崇高原则，那么印度昔日的尊严与繁荣将再次复兴。

戈拉不喜欢意见不同的梵社，为此他决心和梵社中一个女孩断交。正在这时，戈拉的养父病重，临终时他透露了戈拉身世的秘密。他顿时感到自己似乎从噩梦中惊醒，因为他是个外国人，依照他自己的理论，他比野蛮人还要坏。

戈拉没有父母，没有家庭，也没有祖国，就连所信仰的神也欺骗了他。正当他的信念土崩瓦解之际，戈拉猛悟到以往坚持的思想完全是谬误和谎言。他彻底清醒了，领会到了宗教的真正意义：在印度教徒、穆斯林教徒和基督教徒之间并没有任何对立，印度的种姓制度也绝不人道。

戈拉以自己崭新的形象，在已焚毁的旧传统、旧事物的烈焰中获得了新生，正宛如火中涅槃后再生的凤凰。思想上重获新生的戈拉，终于克服了偏见，成长为真正的爱国主义者和民主主义者，一心向往为民族革命奉献出自己的一切。

当时，印度的民族解放运动正处于错综复杂的关键时刻，面临许多的社会矛盾，派别也有三种之多。如何才可以更冷静、更客观因而也更正确地处理好传统遗产，以及暴力与和平等问题，确实关系到当时那举国上下都参与的民族运动的生死存亡。

《戈拉》这部小说也因为有力地证明了民族运动的出路，在当时更具有深远的教育意义。

可以说，《戈拉》这部小说是第一次以文学的形式比较全面地评价了激进派的功与过的文学作品。小说出版以后，它在精神领域给了印度广大人民，尤其是那些爱国知识分子们以极大的启发。

戏剧创作炉火纯青

1907 年，痛失爱子的泰戈尔在和平之乡桑地尼克坦里的那些孩子们身上似乎又找到了父子之间的快乐与深情。孩子们的童稚纯真的欢愉感染着他那颗善感的诗人的心，给他以欢乐和力量，使得他的心灵创伤渐渐地平复。

1908 年，泰戈尔为这些可爱的孩子们写作了剧本《秋节》。这部作品完全是对生活欢乐的颂歌，表达出生命的单纯质朴和人们相聚的喜悦。

与剧本《秋节》相比，第二年问世的《赎罪》则拥有一番迥然不同的风采。

在这部作品中，充满着利害冲突与尖锐的矛盾斗争。《赎罪》是根据泰戈尔最早创作的长篇小说《年轻公主的市场》改编而成的。剧中新增的一个角色，是以圣雄甘地为原型创作的。

《赎罪》中最感人的是最后一幕，剧中人解释象征圣雄的那个人之所以退出斗争，绝对不是对斗争的背弃，而是因为运动的现实背离了他的非暴力、不抵抗的初衷。

1911 年，泰戈尔写下了他所有戏剧中最富有象征意义，也最具哲理意味的一部——《暗室之王》。

可以说，这部剧作也反映了泰戈尔本人在生活中最强烈的一种人生体验，即对那种神的追寻与合一的独特感受。

剧中的国王象征着无限境界里的神灵，而王后则代表向往无限之境的有限中的灵魂。至于王后对国王态度的转变，则蕴涵着人们对神灵由不理解到理解的一段精神历程。

国王长期生活在一间暗室里，作为神，他是无形的。于是别的人虽然可以和他交谈，却不能目睹到他的容颜。暗室之王的面容绝不能以凡俗社会中的美丑标准加以衡量，他是“超于一切的比较之外的”。

他坚毅、热情，像一个丈夫般地追求着王后所代表的人类灵魂。然而他又是冷酷的，他从来都不肯走近人类，而是等待着人们亲自前来寻找他。

当王后在无灯的卧室里等待着与暗室之王相会时，作为一个凡间的女人，她热烈地渴望着能够在光明之中见到国王的真实面容。在她热烈的恳求下，最后国王终于答应了在她面前现身。

他对王后说：“你就在月圆节期间来找我吧！”

王后在期盼着自己的夙愿得以实现的那一时刻。然而人类灵魂的净化注定是要经历差错与苦难的，王后也正是在被对未知无限世界的强烈向往折磨得坐立不安时，铸成了一个悲剧性的错误：她真假不辨。

由于虚荣和高傲，她错把那“像乳油一般的柔软，与樱花一般的娇弱，如蝴蝶一般的美丽”的假王当做真王了，并把自己的花环交给了他，甚至毫不醒悟地离开了暗室，从而给国家引来了灾难和战争。

当王后最后醒悟时，她懂得了，她不应被动地等待国王寻找自己，而应该主动地去追寻国王，她不应是国王的王后，而应是他谦逊的奴婢。唯有如此，她才能达到与国王所代表的无限境界的相互合一。

她最后对国王说出了这样的告白：“您的爱生活在我里面——您在这爱里反映了出来，您在我里面看到您面容的反映：这个东西不是我的，它却是您的，呵，主人！”

《暗室之王》涉及了有限灵魂与无限境界之间的关系。透过王后的经历，泰戈尔所要讲述的是这样一个思想——作为人类，为了最终达到与神结合的无限境界，就必须做到谦卑与服从，必须去主动地追寻，而且应当富于自我牺牲的精神。

1911 年，泰戈尔又一鼓作气地创作了两个剧本《邮局》和《顽固堡垒》。虽然两剧的中心人物都是儿童，但它们彼此之间却有着很大的差异。

在印度和欧洲许多国家的读者中，《邮局》是最受欢迎的一部戏剧作品，这很可能是他最优秀的剧本。它具有紧张的戏剧情节、动人的幻想故事和深刻的富于暗示性的精神象征。

原本生性活泼可爱的小男孩阿马尔病倒了，他再也不能走出家门了。

医生连院子里也不允许他去玩。他只能无奈地坐在窗前，望着外面的人们来来去去。有些人偶尔停下来，同他聊上几句；有些人看了他一眼，但一句话也没有；有些人就连看都不看他一眼就走开了。他看到是，卖牛奶的人背着新鲜凝乳去赶集；他听到的是小贩和他谈起的村子里发生的事。

卖牛奶的小贩描绘着河流、牧场，跟他讲述那些在古树下闲荡的母牛和从井里汲水的村妇，这些简直让阿马尔听得入了迷。

卖花的小姑娘苏塔待他很好。阿马尔憧憬着等到病情全部好转之后就到花园里去，帮助苏塔用金香花蕾编结花环。更夫对他也是更加友善，他打更路过时总忘不了说几句鼓励阿马尔的话。

唯一让阿马尔害怕的人就是村长了，他要么不理睬这小男孩，要么就是盛气凌人地跟他说话。

阿马尔向往着自由，尤其羡慕那个肩上扛着一根棍子，上面系着一包衣服，在村里漫无目的地闲逛的男人，阿马尔就这样坐在家里，常常自由地驰骋自己丰富的想象。

有一个想象的情景是：阿马尔趁大家在炎热中午休息时，偷偷地溜出家门。然而有一天，他幻想的天地变了。更夫告诉他，从窗口望得见的那幢白色的新楼房是邮局，说不定哪天邮局的人会来看他，交给他一封国王写来的信。

从此，阿马尔的心思便集中在一件事情上：邮递员带着国王写的信来找他。阿马尔此时病势日见沉重，连走到窗前这样的事情都已经办不到了。他躺在床上，一心想着邮递员会在什么时候到来。

正在这时，一位善良的老人前来看望阿马尔。他慈祥而和蔼地说，信可能已经在路途中了。阿马尔便又开始想象：邮递员身穿着咔叽服正在从山坡上走下来，他肩上挎着个帆布包，手里提着一盏灯。他已经走近了，要不了多久，国王的信就会送来了。

阿马尔终于平静了下来。他不再像从前那样讨厌自己的孤独，也不再像从前那样抱怨自己再也无法下床。阿马尔的叔父也就是他的养父，眼看着孩子慢慢地接近死亡，显得是那又悲伤和无奈。

医生想叫小病人高兴起来："阿马尔，如果国王不是派人送信来，而是半夜里亲自来了怎么办？你就不能养好病，下床去接他吗？"

阿马尔向医生担保，说感到自己身体好多了，当然会去接待国王。但一切都完了，阿马尔已进入长眠之乡。他的朋友、卖花女苏塔这时走了进来。

她以为阿马尔睡得正香，便问医生："他什么时候才醒啊？"

"等国王召见的时候，阿马尔就会醒来的。"医生告诉她。

"他醒来以后，您能替我和他讲一句悄悄话吗？"

"哦，当然可以。你想要我说什么呢？"

"告诉他，苏塔没有忘记他。"

这是一个令人忧伤的充满诗意的故事。然而《邮局》不仅仅是一个非常感人的小品，其戏剧方面的趣味也是贯穿始终的。

《邮局》在伦敦上演时，爱尔兰诗人叶芝评论道："这部戏剧传达了一种优雅平和的感情。"

的确，尽管阿马尔默默地承受着煎熬，但《邮局》的主调不是悲怆，而是宁静。这部剧作充满了心灵追求自由的强烈情感。

与《邮局》同年写成的第二个剧本是《顽固堡垒》，这是一部喜剧。它以辛辣的讽刺笔调嘲笑了那些自高自大、拒绝变革的顽固的保守主义者。

剧中的中心人物是一个名叫般查克的幼童。他听从以正统派自居的大哥的安排，被关在一座奉行保守主义的学院，也就是“顽固堡垒”。

在这与世隔绝的地方，所有的人都责备天生好奇、爱好唱歌而又喜欢快乐的小般查克。为此，小孩子常寻机逃跑到附近的农民、工人和低种姓的人们那儿去，与淳朴、辛劳而又热爱生活的人们一起度过快乐的时光。

后来，一位大师来领着一批低种姓的贱民们踏平了这座顽固堡垒的高墙，小孩子般查克的愿望最终实现了。

这一时期是泰戈尔戏剧创作的黄金时期，他的戏剧受到了广大印度人民的欢迎。

印度国歌的创作者

小说、戏剧和诗歌的丰收，并不能证明泰戈尔已然放弃了对民族解放的支持与关注，他仍然热烈地期待着印度人民能够不分民族、不分信仰，一同致力于祖国真正的独立和自由的事业。

1911年12月，印度国大党召开全体会议，讨论研究印度的民族解放运动。

会议由圣雄甘地主持，国大党领袖甘地特邀他的好朋友诗圣泰戈尔参加旁听会议。

会议发表了国大党的党章和党纲，讨论通过了有关民族解放运动行动计划和路线方针政策。

会议决定国大党要团结一致反抗英统治当局对人民的残酷剥削。

会上还提出国大党要带领印度觉醒的人民再度开展不合作运动，要抵制外货，畅销国货。

在国大党这次会议上，泰戈尔看到了印度的希望。

于是他向圣雄甘地说："甘地先生，我想为国大党的会议写一首歌曲，歌颂国大党，歌唱民族的希望！"

"好的，我的朋友泰戈尔先生，你是印度黑夜前的黎明，你是战斗的号角，你应当为国大党写一首党歌、国歌、胜利的歌曲，我希望歌曲早日诞生，并能流传很广！"圣雄甘地说。

"谢谢你的鼓励，谢谢你的关怀与希望，我已经酝酿成功。"泰戈尔很感谢圣雄甘地的指教。

于是，歌曲《印度命运的创造者》诞生了。

歌曲表现了作者热烈期待印度人民能够不分民族、不分信仰，一同致力于祖国真正的独立和自由的事业。

歌曲号召印度各民族、各教派的人们早日觉醒，为祖国的统一而团结一致，共同战斗。

你是一切人心的统治者，
你印度命运的赋予者。
你的名字激起了
旁遮普、辛德、古古拉特和马拉塔、
达罗毗荼、奥利萨和孟加拉人的心。
它在文底耶和喜马拉雅山中起着回响，
掺杂在朱木拿河和恒河的乐音中，
被印度洋的波涛歌颂着。
他们祈求你的祝福，歌唱你的赞颂，
你印度命运的赋予者。
胜利，胜利，胜利是属于你的。

在歌曲的末一节中，
诗人以更深沉的感情吟咏道：

夜渐渐明了，太阳从东方升起，
群鸟歌唱，晨风带来了新生的兴奋。
承受了你爱的金光的抚摸。
印度苏醒起来，低头伏在你的脚前。
你万王之王，
你印度命运的赋予者。
胜利，胜利，胜利是属于你的。

泰戈尔以浑厚的男高音唱完这首感情深厚、传达人民心声的歌曲，在国大党会议上立即引起强烈的反响和轰动。

不久，歌曲《印度命运的创造者》在广大国大党党员中传唱开来，在工厂、学校、整个孟加拉及全印度传唱开来，圣雄甘地设宴向泰戈尔表示祝贺。

“老朋友，祝贺你！泰戈尔先生！祝贺你的歌曲在全党、全国流传。我决定把你的歌定为印度国国歌！”圣雄很高兴地举杯祝福泰戈尔。

“谢谢你，甘地先生，若我的歌曲真的能成为印度的国歌，那是我终生难忘的事，也是我终生求之不得的事！让我们为国歌干杯！”

印度国父甘地称《印度命运的创造者》不仅是一首歌曲，“而是至诚的颂赞”。

到后来的1947年8月14日午夜，在印度宣布独立的历史时刻，立宪议会高唱《印度命运的创造者》。

当年，印度总理尼赫鲁的妹妹率领印度非官方代表团访问美国，在招待会上，美国交响乐团提出要演奏印度国歌。这时，印方代表团身边正好有一张泰戈尔谱写的《印度命运的创造者》曲谱，因此将其临时替用。

这首曲子一经演奏，效果出乎意料的好。1950年1月24日，这首曲子正式被印度定为国歌。

1911年这年，泰戈尔已走入了他生命中的50个年头。回顾过去那多姿多彩的创作生涯和丰富的人生经历，展望未来的图景，他抚今追昔，写下了记载他童年到少年成长历程的《回忆录》。

该书共有8个部分，但并非全按时间顺序记述。

《回忆录》充满意趣盎然的童年情怀，从中可以看出诗人的思想不断成熟与发展的轨迹。《回忆录》文笔非常风趣，而且情真意切，捧读时常令人有意想不到的惊喜，并会引起读者会心的微笑。《回忆录》真是一部不可多得的佳作。

蜚声海外的印度诗人

20世纪初期，泰戈尔的戏剧创作进入了一个全新的时期，同时，泰戈尔也始终没有忘情于他的抒情诗写作，就在这一时期，他创作了一部极为美妙的诗集《吉檀迦利》。

1909年至1910年，泰戈尔写下了一大批有着浓厚神秘与宗教气息的抒情诗，共有157首，于1910年以《吉檀迦利》为题名出版。

诗集的名字“吉檀迦利”是献歌的意思。诗里那些“你”、“主”、“主人”、“父”、“父母”、“上帝”等，都是献歌的对象。泰戈尔曾经说，《吉檀迦利》里有“一系列的宗教诗”。

这部诗集是用颂神的形式，以纷繁奇特的想象抒发诗人的真情实感，而贯穿整部诗集的思想可用一个“爱”字来概括，所以它是一部爱的献歌。

在孟加拉文原作中，《吉檀迦利》的第一首诗歌就表达了诗人的心声。诗人不愿用自己的业绩赞美自己，而是盼望神主以神自身的心愿来充实他的生活：

当我走的时候，
让这个作我的话别吧！
就是说我所有看过的是单纯无比的。
我曾尝过在光明海上开花的莲花的隐秘，
因此我受了祝福——
让这个作我的话别吧！
在这形象万千的游戏室里，

我已经游玩过，
在这里我已经瞥见了那无形象的她。
我浑身上下都因着那无从接触的她的抚摸而喜颤；
假如死亡在这里来临，
就让它来好了——
让这个作为我的话别吧！

泰戈尔的这部诗集，并非是一般的超脱尘世的宗教颂神诗，他向神敬献的歌，却是“生命之歌”，他歌唱着生命的荣枯，现实世界的欢乐与悲哀。

《吉檀迦利》实际上是一部抒情哲理诗集，表达了诗人对祖国前途的关怀，对人生理想的探索和追求。诗集的主旋律回旋着时代脉搏的跳动。从总体上看，诗集包含了丰富而深刻的内涵，有的诗肯定、热爱、赞美人生。

当泰戈尔经历了近半个世纪的生命旅程之际，他创作的大量的文学作品也开始使得孟加拉人逐渐地意识到：他是印度历史上的一位伟大的文学家。

于是，孟加拉文学界为弥补以往对这位诗人的忽视，于 1911 年的 5 月 28 日，在孟加拉文学委员会的赞助下，孟加拉知识界为泰戈尔的 50 寿辰举行了热烈而又隆重的庆祝会。

这是一次空前的祝寿宴会。在此之前，还从没有一位印度的文学家获得如此的殊荣和如此广泛的赞誉。泰戈尔本人所坚持创办的桑地尼克坦学校和该校高尚、人道的教育制度，也受到国内外人士的热情赞许和高度评价。

这时，泰戈尔决定去欧洲，将他在桑地尼克坦办学的理想告诉那里的人们，同时顺便学习丹麦农业中的联合耕耘技术。他还准备接受英国一些朋友们的邀请，因为他们对他的文艺作品很感兴趣。

《吉檀迦利》得到了当时英国第一流的学者、诗人、评论家们的赞誉，美国的著名诗人埃兹拉·庞德也成了它的热爱者。英国最大的一家报纸《泰晤士报》文学副刊也给予了高度的赞扬。

1911 年 11 月，《吉檀迦利》在伦敦出版，先由“印度学会”付印，后来伦敦麦克米伦公司又出版了一个普及本。

诗集的出版在印度和英国引起轰动，西方的读者们第一次看到了一位在无限的宇宙前，有着朴实无华的姿态、孩童般的纯真和圣者般高洁的形象的东方诗人。

1912 年 10 月，泰戈尔和儿子儿媳一起来到美国，为了让儿子写好伊利诺伊大学的博士论文，泰戈尔先后在阿本纲小住了数月。此间，泰戈尔第一次尝试用英文来写作论文，并以此为依据在哈佛大学等处演讲。

不久《吉檀迦利》在英国的出版引起了包括学术界在内的人士们广泛的关注，于是各种请帖纷至沓来。

1913 年 1 月，诗人来到了芝加哥，作了题为《印度古代文明之理想》和《恶的问题》的讲演，之后又抵达洛兹斯坦，在宗教自由大会上作了《种族冲突》的演讲。最后，泰戈尔访问了纽约。

泰戈尔在美国所写的讲演稿后来集为《生活的实现》出版。这时，泰戈尔已经成为了蜚声海内外的诗人与学者。

捧起诺贝尔文学奖

1913年9月，泰戈尔载誉而归，然而最高的荣誉还未来临。两个月之后，泰戈尔以《吉檀迦利》而获得诺贝尔文学奖的消息传到了和平之乡桑地尼克坦。

1913年11月，泰戈尔获得该年度诺贝尔文学奖。而当他收到电报时，他刚刚带领学生远足归来，漫不经心地把它塞入口袋。经邮差提醒，他才发现这是个令人惊喜的消息。

作为一位杰出的诗人，泰戈尔一生写下了50余部诗集，其中8部是英文散文诗集，5部是孟加拉语散文诗集。

泰戈尔的获奖，标志他的作品已得到世界性的声誉，亚洲人获得这项文学巨奖，还是有史以来第一次。泰戈尔获奖也不是一帆风顺的，最先为他提名的是英国作家穆尔。

他以皇家文学协会成员的身份，建议评奖委员会授予泰戈尔这项全球最高的文学奖。

这件事在瑞典文学院评选委员会中引起了不小的震动。当时，角逐诺贝尔文学奖的欧洲作家有20多人，如英国的哈代、意大利的黛莱达、德国推荐的法国法朗士等人，无一不是赫赫有名的人物。

来自地球另一端的诗人显得身只力单。但是，在瑞典文学院中，好几位院士拿出很有分量的报告盛赞泰戈尔，并对他的作品做了全面介绍。

学院成员纷纷阅读《吉檀迦利》，无不为其深邃的优美的韵律所折服。委员会以12∶1的绝对多数选出泰戈尔，获得学院通过。

获奖5天后，泰戈尔在写给罗萨斯坦的信中说：

我这次获奖，真好比一场更加艰巨的考验，公众兴奋的汹涌浪潮，对我来说是那样的不幸，在那真情的欣赏中，也夹杂着许多起哄的嘈杂……

为这些嘈杂与不真实的举止，我感到异常震骇，我痛苦地看到：许多人不是为我本身创造的成就，而是因为我获得的荣誉而尊敬我！

11月下旬，当500多不同职业的知名人士，组成一个庞大的代表团，从加尔各答乘坐特别快车来到和平之乡，向诗人致以全国性的祝贺时，泰戈尔以诗人的语言予以严正的回答，他拒绝接受他们的礼赞。

泰戈尔说：

我获得的成就是源自我的伟大东方古国，源自我最质朴的人民，源自真理支持我，为我的事业而献身的我的亲人，源自为我的成功而不惜牺牲自己利益的文学好友。

我应把奖赏献给他们，我绝不把奖赏和荣誉献给那些在吹捧我的过程中捞取稻草的小丑！

面对荣誉、奖励、鲜花和欢呼，罗宾德拉纳特·泰戈尔，以他真诚的心、清醒的头脑，保持着自己的理智。他没有被掌声冲昏头脑，而是不卑不亢，温和而执拗地接受来自真心朋友的爱和赞扬。

1913年底，泰戈尔接受加尔各答大学在特别的仪式中授予他名誉文学博士的称号。

在《吉檀迦利》获奖的日子里，诗人对一些盲目吹捧的人嗤之以鼻，他在给朋友的信中写道：

得奖所刮起的兴奋之风是可怕的，有些人简直像在狗尾巴上拴了个白洋铁罐儿，玩起恶作剧……

你想啊，狗一走动洋铁罐儿必然发出“咕咕”的响声，响声会招来许多围观的起哄者，这又像一堆苍蝇在垃圾堆里飞来飞去，简直令人可笑和头疼！

印度把这次授奖作为前所未有的国家荣誉而举国庆贺。虽然有些西方报纸抱怨评奖委员会把这份荣誉授予一个“名字非常拗口的、名不见经传的亚洲人”，但多数人却对这次授奖极为满意，认为它预示着东西方文化交流的新时代即将到来。

由于路途遥远，泰戈尔没能够亲自出席颁奖典礼。他随后回电说：“我恳切地向瑞典文学院表示对那宽大的了解的感谢与领受；这了解将遥远的距离拉近了，也使陌生人成为了兄弟。”

到后来的1921年，泰戈尔访问瑞典，曾被当做“东方圣人”而受到瑞典人民极热情的欢迎。国王古斯塔夫亲自聆听他的讲演。

总之，1913年是诗人罗宾德拉纳特·泰戈尔走向世界的一年。这一年中不但《吉檀迦利》获诺贝尔文学奖，伦敦还为他出版了英文版诗集《园丁集》、《新月集》、《缤纷集》、《收获集》、《晨歌》、《暮歌》等诗集。

此外，诗人受日本短诗俳句的影响，还创作出诗行极少的短诗，集成了《飞鸟集》并出版。

泰戈尔的散文诗，在世界各国都广为流传，直至今天，仍然拥有众多的读者。

1915年在曾对中国五四运动和现代革命文化运动起过重要先导和催生作用的《新青年》上最早介绍的泰戈尔作品，也是散文诗《吉檀迦利》。在中国翻译最多、影响最大的也还是他的散文诗。可以说，对大多数中国人来说，泰戈尔的名字是诗歌和诗人的同义语。

印度近代意义的散文诗始于20世纪初。而泰戈尔正是印度散文诗的开拓者。

东方的散文诗深受西方的影响，但又具有东方特有的民族传统；而东方散文诗反过来又影响到西方散文诗创作的，还是要首推伟大诗人泰戈尔的作品。

泰戈尔是印度民族诗体的继承者，又是新诗体的开拓者和创造者。

他对散文诗的探索，是从1912年把自己的几部孟加拉文诗集选译成英文《吉檀迦利》开始的。在翻译作品时他毅然抛弃了原文的格律，把诗译成了散文，却保留了诗的情感和气韵。

它的成功又促使诗人以同样的方式陆续翻译出版了七部英文散文诗集，影响遍及世界各国。

翻译英文散文诗的巨大成功，使泰戈尔更加坚定了走一条独特的创作之路的决心。随即他便开始用孟加拉文创作散文诗，“不保留诗歌格律明显的抑扬顿挫”，“赋予孟加拉散文以诗的情韵”。赋予孟加拉文散文诗美的形式、美的光彩。

英文散文诗和孟加拉文散文诗，在1919年印度民族解放运动时期掀起了第二次高潮。

诗人的一位友人曾经在回忆录中谈道：“当泰戈尔听到英国军队镇压旁遮普的阿姆利则城的群众，并实行军事管制的时候，他内心的痛苦如此之强烈，致使他病倒了。医生以命令的方式让他卧床休息。”

“有一天晚上，他叫我第二天不要去看他，可是第二天一大早我还是去了。当时太阳还没有升起，我看到他正坐在桌边。原来他一夜都没有睡觉，刚刚写完给英国总督的一封信。他在这封信中抗议这种残酷的镇压，并声明放弃爵士称号。信寄出之后，泰戈尔就完全恢复了健康，而且觉得自己更加富有生气。”

就在那一天，他开始创作最优美的散文诗，后来都收在了《随想集》里。

《随想集》中的散文诗，属于诗人的最初尝试。他后来说，当他想说的东西用其他形式不能表达的时候，就写成了散文诗。

但他对最初的尝试之作，还是感到没有把握。他曾请求诗人奥婆宁·特德拉娜达也来尝试写散文诗，看了奥婆宁·特德拉娜达的散文诗后，他感到不够理想，“语言太繁复，显得不够简洁、凝练”。所以他在1932年再次进行创作实践，写了《再次集》。

诗人对艺术的追求坚定执著，永不满足。继《再次集》之后，诗人在20世纪30年代又创作、出版了3部与《再次集》风格相类似的散文诗集，即《最后的星期集》、《叶盘集》和《黑牛集》。

他非常重视散文诗这种新的诗体，把它们比喻为诗歌“庭园里的鲜花”。

诗集散播关爱

1913 年春夏之间，泰戈尔从自己的孟加拉文诗作中选译而成《吉檀迦利》，并在当年于伦敦出版，这是泰戈尔最著名的一部英文散文诗集。

这一年是泰戈尔获得世界声誉的一年，他的作品从此几乎走向了整个地球上的所有国家。

频繁的社会活动使他的创作精力减少了，因此这一年也是他 10 年来没有出版过一部孟加拉语作品的一年。不过，伦敦却在这一年出版了泰戈尔的英文译作《园丁集》和《新月集》，这两部作品如同《吉檀迦利》一样，也为他带来了荣誉。

《园丁集》一共收有 85 首诗，除了从《渡河》集中收入一些有神秘主义倾向的诗作外，多数选自泰戈尔早年的《刚与柔》、《收获节》和《心中的向往》等作品集。

而且诗篇的内容多是有关人生与爱情的，故而整部诗集的情调既轻快又欢愉。诗集以头一首诗里主仆对话时仆人要求做园丁而得名。

《园丁集》是一部关于人生、爱情的哲理诗集，诗人自愿做一个“为爱情、人生培植美丽繁花的园丁”，他以优美富丽有哲理的诗句歌颂了纯真的爱情，抒写了自己对人生的理想。

诗人在自序中说，这部诗集里都是“关于爱情和人生的抒情诗”。

如果我坐在生命的岸边默想着死亡和来世，
又有谁来编写他们的热情的诗歌呢？
有谁把生命的秘密向他耳边低诉呢？

如果我，关起门户企图摆脱世俗的牵缠？

爱是诗歌永恒的主题。在这80多首诗中，诗人细致描绘了青年男女在恋爱中各种复杂而微妙的心理活动、思想感情，以及对生活的热爱与追求，诗人鼓励青年不可因失恋而消沉，不能强求不该得到的爱情；诗人不赞成苦行者离家，认为这是违背神的意旨的，从而肯定了现世的人生。

这些诗使人们感到，诗人真像一个辛勤的园丁，用勤劳的双手，浇灌着一朵朵美丽的爱情之花。

诗集中有初恋的羞怯、相思的苦闷、期待的焦急、幽会的战栗、新婚的快乐、生离死别的痛苦。诗人仿佛引导我们进入了神秘的爱情世界，领略其中的痛苦与欢乐，同时体现了诗人对理想生活的执著追求。

泰戈尔热爱生命、热爱大地。在《园丁集》中，处处洋溢着诗人的这种情感。第四十三首诗就表现了青春对于虔诚的弃世观念的蔑视。因为青春是和爱情密切相连的，而只有爱情才能赋予短暂的生命以不朽的意味。

请听诗人发自内心的声音：

不，我的朋友，
我永不会做一个苦行者，
随便你怎么说。
我将永不做一个苦行者，
假如她不和我一同受戒。
这是我坚定的决心，
如果我找不到一个荫凉的住处和一个忏悔的伴侣，
我将永不会变成一个苦行者。

不，我的朋友，
我将永不离开我的炉火与家庭，
去退隐到森林里面。
如果在林荫中没有欢笑的回响；
如果没有郁金色的衣裙在风中飘扬；
如果它的幽静不因有轻柔的微语而加深。
我将永不会做一个苦行者。

《园丁集》是爱的颂歌，而《新月集》则是献给孩子们的深情的小夜曲。同时1913年出版的《新月集》共收录了37首儿童诗，其中大半择自10年前的孟加拉文集《孩子们》，小部分是在编译之时诗人刚刚创作的新作。

泰戈尔终生热爱儿童，关心儿童的身心健康成长。童年是人生的一个美妙的时期，西方的一位著名的诗人曾意味深长地追忆道：童年，犹在天堂。泰戈尔以他一颗童稚的心描绘了印度儿童的天真烂漫。

在《新月集》其他的一些诗篇中，有着许多儿童所特有的情趣。他们很容易把自己和笼中的鹦鹉、向妈妈乞食的顽皮的小狗看做同一类生命。

在《著作家》一诗中，小孩子认为爸爸写了又写，实在没有趣味。他天真地以为，自己的胡涂乱写跟爸爸的写作是一回事，因此弄不明白为什么自己只用了纸做小船，妈妈便说自己讨厌，而爸爸却可以任意地用墨点涂满许多纸的两面。

《新月集》中描绘的纯净甘美的儿童王国，也极大地吸引了中国作家冰心。

在这本诗集中，诗人构筑了一个理想天国，它没有成人的怀疑贪婪，喧哗争斗，生之烦恼，生之痛苦，有的只是人的自由与万物的和谐，泰戈尔热望这些“孩子天使”走到成人世界去传播爱的福音。

冰心受到极大的感染，她呼唤道：“万千的天使，要起来歌颂小孩子，小孩子！他的小小的身躯里，含着伟大的灵魂。”

冰心的小说《爱的实现》中，天使般可爱的姐弟俩每天从诗人静静的窗前经过，不知不觉中指引了这位作家的思路，使她文思敏捷地续完了笔触迟滞的长文《爱的实现》。

受到日本短诗俳句的影响，泰戈尔还创作了一些诗行极少的短诗，后来集成一册《飞鸟集》。其中一些是他所作孟加拉短诗的英译，一些则以英文写成，《飞鸟集》的诞生再次为他赢得了世界声誉。

《飞鸟集》共收录了325首诗，多数译自曾对中国作家和读者产生广泛影响的《微思集》。

诗集的第一首描写“夏天的飞鸟”自由翱翔歌唱，“秋天的黄叶”悲凉飞落叹息，任由秋风摆布。二者对比鲜明，表明他厌恶束缚，向往自由。

这首只有两句的短诗引导了整个诗集。这是诗人的“微思”，即他刹那间的感受和思索，像鸟儿在天空飞翔一样，留下串串踪影，尽管鸟的足印是散乱的，仍然有迹可循。诗人以进化论的观点和朴素的辩证观点，揭示了生活中的许多真理和微妙。

《飞鸟集》语言精练，富有哲理意味。它又不是一般格言，而是诗。它和日本的俳句、德国歌德和席勒的格言诗那样，都是形象的、感性的、言外之意无穷的一种小诗。

诗集中收入的又是别具风采的散文诗。《飞鸟集》中大部分都是哲理诗，启迪思维，开阔思路，帮助人们认识世界。

如第四十首：“不要因为你自己没有胃口，而去责备食物。”第五十六首：“我们的生命是天赋的，我们唯有献出生命，才能得到生命。”

第五十七首：“当我们大为谦卑的时候，便是我们最近于伟大的时候。”

第五十九首：“决不害怕刹那——永恒之声这样地唱着。”

第六十四首：“谢谢火焰给你光明，但是不要忘了那执灯的人，他是坚忍地站在黑暗当中呢！”

第六十五首：“小草呀！你的足步虽小，但是你拥有你足下的土地。”

这样精美深刻的小诗举不胜举，俯拾即是，诗人那深邃的哲思和精丽的文采像火花在幽静的诗艺王国中闪现。

在《飞鸟集》中，除了大量精美的哲理诗外，还有不少诗篇赞美自然景物，歌颂做人的美德，它们陶冶人的品格、净化人的灵魂，具有不可估量的伦理学价值。

1914 年，泰戈尔在英国的声望达到了顶峰。在这之后，由于第一次世界大战爆发，同时也因为他的其他作品的西文翻译质量不佳，有人批评它们在艺术上不够完美，有语言重复等毛病。后来，泰戈尔特立独行的风格让西方的一些作家改变了对他的看法。

与泰戈尔一直保持密切关系的欧洲大作家是罗曼·罗兰。泰戈尔那些激怒欧洲作家的有关民族主义的文章，在罗曼·罗兰那里获得了同情和支持。

罗曼·罗兰于 1919 年 4 月 10 日写信给泰戈尔：“我希望，这精神上的两个半球有朝一日能够联结起来。因此，我非常高兴地看到，您在这方面作出了比谁都大的贡献。”

泰戈尔对罗曼·罗兰反对人类仇恨的《独立精神宣言》也表示支持。

在此后的七八年间，两人一直频繁通信，并想寻找机会促膝畅谈。但是期待多年的会见不仅没有加深这两位东西方文化巨人的理解，反倒使他们长期形成的友谊一下子断绝了。

后来，当泰戈尔和罗曼·罗兰再度重逢时，罗曼·罗兰竟然长叹：“我们就像两个不能互相认识的盲人。”

为民族大义放弃爵位

1917 年 3 月，泰戈尔结束近一年的国外游访，回到了自己的故乡。当时，他看到的是一场新的民族解放运动业已在国内酝酿成熟的景象，青年们正准备为自由献出鲜血甚至生命。

有一位同情印度人民斗争的英国妇女阿尼·贝赞特夫人，勇敢地代表印度发出了自治的高昂呼声，结果她被马德拉斯邦的政府监禁。

泰戈尔敬仰阿尼·贝赞特夫人伟大崇高的品德，于是公开发表声明，抗议拘捕这位英国女士，并组织了为营救她而举办的群众抗议运动。这样，泰戈尔再次步入了政治舞台。

目睹祖国同胞们轰轰烈烈的爱国浪潮，诗人不再保持沉默。在加尔各答的一个群众集会上，备受公众瞩目的他，用自己刚刚创作的爱国的民族歌曲打动了每位听众的心：

你的召唤飞越世上所有的国家，
人们都聚集在你的座前，
这个日子来到了。
但是印度在哪里呢？
她还是藏起来，拖在后面吗？
让她背起她的负担和大家一同前进吧！
传给她，万能的上帝，你的胜利的消息，
呵！永远觉醒的主！

1917 年年末，印度国大党在加尔各答召开一年一度的国民大会，在大会开幕当天，泰戈尔登台朗诵了他创作的名为《印度的祈祷》的著名长诗，诗中这样为祖国祈祷着：

让这个作为我们对你们的祈求吧——

给我们力量去反抗逸乐，

在它奴役我们的时候。

向你举起我们的忧伤如同夏天把握它的中午的太阳。

使我们坚强，

使得我们不去嘲侮那软弱和跌倒的人，

使我们当周围一切都向尘土献媚的时候高举起我们的爱。

他们为自爱而争斗杀戮，

却把名义归给你，

他们为争吃弟兄的肉而哄斗，

他们和你争战到死。

但是让我们牢稳地站住坚强地忍受，

为着真，为着善，为着人的永存性，

为着你的在人心合一中的天国，

为着那灵魂的自由。

铿锵有力的诗句和诗中蕴涵的坚强信念，使得当时出席会议的所有人向诗人欢呼致敬。

1918 年，俄国十月革命的胜利和其他国家的革命大潮推动着印度民族解放运动的展开，印度再次出现了紧张局势。本已转入地下的孟加拉青年爱国者们采取恐怖主义的暴力行动。

当时的英国由于美国的参战，在欧洲战场上势如破竹，信心正旺，于是英国驻印度政府便对印度爱国者进行了严酷的镇压。

泰戈尔坚持认为，即便是为着合理的爱国的目的，也不应采取过激的暴力主义与恐怖主义。因为镇压暴力需要倚仗暴力，而为平息仇恨会导致更多的仇恨，他痛恨以刀斧去开启野蛮之锁，于是公开表示反对暴力。

因此，泰戈尔与爱国者之间又出现了新的矛盾。尽管如此，对遭到英国政府镇压的勇敢青年们经受的惨无人道的折磨，泰戈尔仍旧想尽了方法力图营救被捕的爱国志士。不过，与革命者们主张的不同使他的心情紧张而且烦闷，以至达到无法忍受的程度。

这时，身心疲乏的泰戈尔又遭遇了生命中的重创，他最宠爱的大女儿贝拉又于当年5月不幸病重而亡，更使他的情绪极其低落。

1919年3月，英国驻印度的殖民政府通过了臭名昭著的《罗拉特法案》，它规定政府拥有不经起诉即可逮捕人的权力，还规定警察有权制止公众集会。

法案的颁布引起了印度全国上下一片抗议之声。阿姆利则群众集会、示威与罢工此伏彼起。

4月13日，正当群众在查利安瓦拉·巴格广场举行抗议集会之际，军队向20000名手无寸铁的参加者开枪射击达10分钟之久，人们无处逃生。大屠杀中死亡1000多人，受伤2000多人。

阿姆利则惨案发生后，殖民当局严格禁止新闻报道，妄图掩盖事实真相。几周之后，惨案的消息才得以传出。

泰戈尔惊悉之后，万分不安，立即放下手中的一切工作，赶到加尔各答，希望能约请各界人士举行抗议集会。

但是，人们慑于新颁布的《罗拉特法案》的威胁，无人敢起来响应。万般无奈的他毅然单独采取了行动。

1919 年 5 月 29 日深夜，诗人在灯下奋笔疾书，他在没有向任何人透露的情况下，写信给当时英国驻印度总督，声明放弃英国政府于 1911 年授予他的爵位。

泰戈尔在信中沉痛而恳切地写道：

> 我为我的国家所能做的一点微不足道的事情，就是自己把这一切结果全部承担起来，把数百万吓得目瞪口呆的同胞的抗议表达出来。
>
> 已经是时候了，荣誉奖章和所受的屈辱摆在一起就会使我羞愧得无地自容。
>
> 因此，我要去掉一切特殊荣誉，站在我的同胞一边。他们据说是无关紧要的，因而应该接受那种同人类这个称呼不相称的待遇。由于上述理由，我不得不遗憾地请求阁下取消我的爵士称号。

在英国统治者看来，泰戈尔这种行为不能原谅，因为在此之前，还从未有一个人敢于拒绝英王陛下所授予的荣誉称号，因此，泰戈尔的言行使英国官方感到极其愤慨。

泰戈尔的这封信于几天之后得以发表。泰戈尔在当时高压政策下的这一英勇举动给了同胞们极大的精神鼓励与声援，并激发了他们的民族自尊心。

飞越巅峰

知识是珍贵宝石的结晶，文化是宝石放出的光泽。

——泰戈尔

诗人的人道主义之旅

为了建立一所国际性的大学，泰戈尔本来计划于1919年前往日本和美国以期筹款，后来未能成行。于是泰戈尔开始在祖国各地旅行。

泰戈尔先在南印度广泛游历，并在其中的一些城市宣讲他的教育理想，随后他又前往印度西部漫游，而且曾在阿赫姆巴德担任古甲拉特文学大会的主席。

当时，泰戈尔还在他新建的别墅里，与圣雄甘地会见，共同度过了一段时光。甘地是印度民族主义运动和国大党领袖，他带领国家迈向独立，脱离英国的殖民统治。甘地“非暴力反抗”的主张，影响了全世界的民族主义者和那些争取和平变革的国际运动。

1920年5月15日，泰戈尔与儿子和儿媳一同乘船前往英国。抵达英国之后，他受到新老朋友的欢迎。这次他所遇到的老朋友中有萧伯纳，两人相见十分高兴。

泰戈尔还为结交了新友人感到兴奋。虽然他在英国没有遭遇到公开的敌意。但是显而易见，以前对他所怀有的热情已经淡漠。的确，随着时间的流逝，已有无数变故发生：他对战争的谴责，他曾写的反对英国统治印度的短评，最重要的是他对“爵士”称号的放弃，都不可避免地造成了这种意味深长的冷淡。

英国某些知识分子以为欧洲文明比印度文明更崇高，反对褒扬这位东方诗人，也是造成这不愉快的阴影的原因之一。

离开英国以后，泰戈尔来到了法国。巴黎开放的社会环境使他的心情轻松而又愉快。

在巴黎举行了欢迎他的集会，泰戈尔在那里结识了一些哲学家、诗人和著名学者，他们之中不少人后来曾作为和平之乡国际大学的第一批客座教授来到桑地尼克坦。同时，泰戈尔还获悉，在战争期间，法国的一些知名人士在法文版的《吉檀迦利》中寻求到了安慰和希望。

法国之行结束后，泰戈尔对荷兰和比利时进行了短期访问，在那里受到了热烈的欢迎。

返回伦敦后，泰戈尔决定前往美国，因为他感到美国需要东方的信息。

在美国，既有热情的赞扬，也有激烈的反宣传。许多听众蜂拥而至，前来倾听这位东方著名作家的演说《诗人的宗教》，因为过分拥挤，几百人不得不失望而归。

同时，有些报纸指责泰戈尔的反英亲德。因此，泰戈尔在美国逗留了几个月之后，再次返回了伦敦。

在美国之行中，最有意义的是泰戈尔会见了埃尔赫斯特和他未来的妻子。这两位朋友所具备的农业专业知识和他们真诚慷慨的经济援助，帮助泰戈尔在 1922 年开创了桑地尼克坦的农村建设工作。

在伦敦停留了约 3 个星期之后，泰戈尔第一次领略了空中飞行的感受，他乘飞机去巴黎，应邀到新建的法兰西大学发表了题为《森林通信》的演讲。随后他前往瑞士的日内瓦，发表了有关教育问题的演讲。

当泰戈尔在卢塞恩美丽的自然风光中休憩之时，他无比欣喜地接到了由德国著名作家与学者自发组成的委员会发来的庆贺他 60 岁寿诞的礼物：这个委员会决定向桑地尼克坦的国际大学图书馆赠送一大批德国经典著作。

受到鼓舞的泰戈尔专程访问德国的汉堡和丹麦的哥本哈根，并在那里作了演讲。随后，他应瑞典文学院的邀请，来到斯德哥尔摩，在那里作了演讲，还观看了他自己的作品《邮局》的演出，并受到了瑞典国王的接见。

离开瑞典抵达德国之后，泰戈尔又在柏林大学作了演讲。在德国的首都慕尼黑，泰戈尔会见了著名作家托马斯·曼和其他许多文学界、学术界的人士。

战争之后的德国正面临着物资匮乏，泰戈尔将演讲所得资金赠给了慕尼黑饥饿的孩子们。

泰戈尔在德国的最后一站是中部城市达姆斯塔斯，在那儿逗留的一周时间里，每天都有许多人前来提出各种各样的问题，他都认真回答，人民对泰戈尔热诚朴素的感情深深地触动了他的心。

欧洲之行的最后两个城市是维也纳和布拉格，在那里他也作了演说。14 个月的旅行结束了，他的行迹遍布美国及欧洲各地。

泰戈尔于 1921 年 7 月回到了他眷恋着的故乡印度。

与甘地之间的分歧

1921年，泰戈尔回到印度以后，印度全国正处于非暴力不合作运动之中。甘地是不合作运动的倡导人，这一运动的目的是为了达到印度的自治。

1919年的阿姆利则血案后，甘地支持独立的立场更加坚决。当时英国政府和廓尔喀雇佣兵向和平政治集会的人群开枪，数以百计的锡克教徒、印度教徒还有穆斯林被杀。

除了抵制英国产品外，甘地还极力鼓励人们抵制英国学校、法律机构，辞退政府工作，拒绝缴税，抛弃英国给的称号和荣誉。

1920年4月，甘地当选印度自治同盟的主席。1921年12月，他又被授予国大党在同盟内的执行代表。在甘地的领导下，国大党重组，制定了新的章程。

新党章规定他的目标是争取独立。任何人只要交纳一定的象征性费用就可以入党。用来规矩和管理混乱无序的运动的委员会的层次结构也被建立。国大党由一个精英组织转变成了一个大众化政党。

不合作运动包含的内容包括印度人不应在英国驻印政府中任职，不应接受英国授予的荣誉官职与官爵，不应在英国人开设的学校中读书。而且假如英国驻印政府不让步，印度人民还要拒绝纳税。此外，还号召人们抵制英货。

当不合作运动的浪潮汹涌全国之际，印度各个大城市的工人相继举行罢工，一些邦的农民运动也开始高涨。当时，全印度充溢着不满的情绪。

目睹不合作运动的景况，泰戈尔的心情十分矛盾。他赞成圣雄甘地主张以非暴力的形式使印度获得自治，但是面对运动中带来的苦难，他的内心非常忧虑。

当泰戈尔看到在焚毁外国衣服布匹的火堆旁那情绪激昂的人群，他感到这番举止过于冲动。当他目睹学生们离开官办学校，丢弃了学业而成为政治斗争中的工具时，他分外痛苦。

与此同时，泰戈尔也不能接受放弃先进的机器，却崇拜手工纺纱的论调。由于深感不合作运动中某些方面存在着偏差，泰戈尔在加尔各答发表了题为《文化之汇合》的公开演讲。

在演讲中，泰戈尔赞扬了西方人在生活道路上勇往直前的精神，他认为那种精神不是出于蛮力，而是源自勇敢、坚忍和客观面对现实的能力。他认为，印度与西方应当在知识文化以及精神上合作。

泰戈尔的演讲招来了众多反对的声音，当时孟加拉的著名小说家萨拉特·昌德拉·查特吉为了回答泰戈尔的讲演，撰写了《文化之对立》一文。

泰戈尔还在加尔各答所作的另一次名为《真理的呼声》的演讲中，不无忧虑地指出群众的盲从将导致自由名义下的灵魂的真正不自由。为此，甘地专门著文反驳，认为诗人的忧虑完全没有必要。

不久，甘地亲自来到加尔各答，在泰戈尔家中同诗人进行了长时间的讨论。这两位伟人的观点存在着分歧，但见解不同并未动摇他们之间真诚的友谊。

在两人单独会谈之时，支持甘地的群众聚集在泰戈尔的住宅外面，狂热的人们从附近商店弄来一捆捆外国布匹，然后置于露天的院子里焚烧，以表示对泰戈尔的不满。

因此，当甘地强调整个不合作运动是建立在非暴力的原则之上时，泰戈尔反问道："甘地先生，你的非暴力追随者正在干什么？他们从商店里抱来布匹，放在我家的庭院里焚烧，就像狂热的教徒一样，在火堆的四周狂呼乱舞，难道这就是非暴力吗？"

泰戈尔一向尊敬甘地的个人品质，于是他放弃了与甘地及其追随者进行无意义的不必要的争论，采取了沉默的方式。他从加尔各答退居到桑地尼克坦这个自己喜爱的地方，退居并不是因为憎恨，而是为了避免无休止的争执。

尽管对国际、国内事务密切关注，泰戈尔的主要兴趣仍在文化领域。回到和平之乡后，泰戈尔在孤寂中似乎总听到一个声音在说：“你的位置是在世界的岸边游戏着的孩子们的天地里，在那儿，我和你在一起。”

于是，泰戈尔继续拿起笔来，创作出一系列优美的儿童诗，并于第二年以《小湿婆天》为题出版。

诗人曾在写给甥女的信中提起，之所以写这些诗，是因为使成年人的责任变得疲惫的身心得以解脱和休憩。他盼望自己能像孩童一样，在世界这个广大的游戏乐园中愉悦忘情地嬉戏。

泰戈尔使人们重新认识孩童世界。许多人看来，孩童是幼稚无知、软弱的代名词。孩童应接受大人的教育，才能在德智体方面得到全面发展，才能获得人生的幸福，才能在社会上有所作为，为社会进步作出贡献。

泰戈尔告诉人们，上述思维是错误的。泰戈尔赞美孩童世界，赞美孩童世界的纯洁的友谊，对宇宙万物的新鲜好奇，对自由的向往，对爱的向往，人与人之间真切的同情心，对理想的追求。

正如泰戈尔在一则散文诗中所说：

神等待着人在智慧中重新获得童年。

国际大学正式成立

1921年12月23日国际大学在和平之乡桑地尼克坦正式成立，泰戈尔多年来的教育梦想终于实现了。印度国际大学是泰戈尔从青年时代就艰辛创业，多年来苦心经营的结晶。

扩建后的国际大学宏伟壮观，气势不凡。宽阔的校园到处繁花绿草，点缀着美丽的校园。国际大学学生上课，都坐在林间草地上，黑板挂在树上。

小鸟在枝头鸣啭，松鼠跳窜在叶间，林间的草地上时时有白鹤、孔雀缓步走来。梅花小鹿成帮结伙戏耍追逐，学生与小鸟和群鹿都在接受泰戈尔教育思想的熏陶。

泰戈尔带领国际大学的剧团在校外演他创作的舞剧、诗剧等，这些作品都是在这里的音乐教室中诞生的。

早在1916年，泰戈尔出访日本和美国时，他就对将来桑地尼克坦学校发展的宗旨有了明晰的构想。他希望能将自己的学校拓展成一所国际型的学校，既向别国人民奉献印度最优秀的文化，同时也吸取世界其他国家的文化精粹。

在国际大学中，有泰戈尔从其他国家请来的客座教师，他们都是著名的艺术家、哲学家和科学家。而且他在印度率先成立了一个专门研究中国的系。

泰戈尔希望和平之院不去模仿欧美的名牌大学，而是广采它们的长处，然后按照自身情况加以综合利用。

泰戈尔为使理想变为现实，不惜把自己桑地尼克坦的土地、房屋和财产，通过一个信托公司交付给和平之院，并把自己的诺贝尔奖金和以往所创作的孟加拉文著作的出版权，以及由此而获得的经济收益，也全部慷慨地献给了国际大学。

尽管泰戈尔为着和平之院的工作而忙碌不已，但他仍然关注和思虑着自己祖国的政局。在1921年年底至1923年年初，因为不合作运动的狂澜已越来越猛烈，所以当时的印度政治形势相当严峻，除了甘地以外，印度国大党的领导人差不多都已被捕，有30000多名政治犯入狱。

作为关心祖国前途的印度子民，泰戈尔思绪万千，于是将自己心中的想法，通过一个象征性的戏剧《摩克多塔拉》戏剧性地表达出来。

《摩克多塔拉》产生的历史背景是20世纪20年代初，印度民族独立运动高涨，群众示威，工人罢工，农民抗税。同时由甘地所倡导的“用和平与合法手段来获取自主”的“非暴力不合作运动”也有了蓬勃的发展。

另一方面，英国殖民政府惶恐不安，宣布群众组织非法并予以取缔，采取残酷的镇压手段，以图扼杀印度人民渴望独立的愿望。泰戈尔是殖民地人民觉醒的目击者，正是在这样的历史条件下，61岁的泰戈尔写出了《摩克多塔拉》这个剧本。

“摩克多塔拉”，原文的意思是“自由的瀑布”，在剧本中用作一个瀑布的名字，象征印度人民渴望自由，争取独立的运动如激流飞瀑，一泻千里。

诗人在剧本里发出愤激的宣言：帝国主义统治机器必被摧毁，被奴役的印度、被闸住了的瀑布必将获得解放。

在剧中，国王罗吉那特和技师比菩提狼狈为奸，他们用了25年，依靠着先进的技术，在一处山地修建了一座大水闸，闸住了当地人民的生命之水——摩克多塔拉瀑布。

他们这样做的结果使原来获得这条瀑布福泽的地区良田干涸，寸草不生，人民生活异常疾苦。太子阿比吉那同情人民，反对修建水闸，并打开山口通路，以便人民自由出入，运粮运物，救民于灾荒之中。

国王知道太子所做的事后，便下令囚禁太子。广大人民深切地爱戴太子，千方百计地想办法进行营救。而一些奴才、小市侩则要残害太子，并百般为国王和技师们歌功颂德。出家人塔南乔耶和领头人加奈希领导人民一边抗税，一边反对修建水闸。

当剧情发展到高潮时，太子“终于在水闸上找出罅隙，从那裂缝里打击着魔鬼机器，机器也给他以致命的反打击”。于是魔克多塔拉的洪流像慈母似的把他受伤的身体抱在怀里带走了！

塔南乔耶对寻找太子的人们说：“现在他永远属于你们了。”

在这里，人民摧毁水闸，瀑布重新获得了自由具有极其重要的现实意义。

故事的结局，象征着殖民统治的机器被摧毁，预示印度民族独立运动终将胜利。剧本中充分表达了一种进步的政治立场，表现出了剧作家崇尚自由、支持正义和赞美牺牲精神的思想。也充分表明了他以作品来歌颂造福人民的进步人物的人民性倾向。

1922 年 2 月，泰戈尔在桑地尼克坦的和平之院举办了纪念莫里哀诞辰 300 周年的活动。

当年 7 月，泰戈尔又担任了在加尔各答举行的纪念雪莱诞辰 100 周年大会的主席。

这年的 8 月和 9 月，他的一部新作音乐剧《雨季节》和一部早期作品的修改本音乐剧《秋节》在加尔各答的舞台上演出。

这两部音乐剧是融诗歌、戏剧、音乐和舞蹈特点于一体的作品。它们歌咏了季节的变换以及欢庆的人们，其中弥漫着淳朴的感情和自由的气息。

1922 年的 9 月，泰戈尔前往印度和南印度，开始了漫长的旅行。

一路上，泰戈尔在孟买、马德拉斯及其他城市停留，最后抵达了锡兰。

每个地方的人都热情欢迎大诗人的到来，前来听他演讲的人们如潮水涌来，归途中，他专程来到位于阿默达巴德的甘地建立的“坚持真理运动院”。

当时，圣雄甘地正被关在狱中。泰戈尔给运动院的居民和学生们作了演讲，细致地阐释了甘地的思想以及他牺牲精神的真实意义。泰戈尔的行动和言辞都表明了他对甘地深刻的理解和支持。

祖国和周边地区的人物与水土给诗人留下了深刻的印象。

前往中国访问

1924 年 4 月，泰戈尔接受了当时中国大学演讲协会会长梁启超的邀请，前往中国访问。

中印两国一直是友好的邻邦，唐朝时期，佛教就是从印度传入中国的，而且两国都有着古老的文明，都是世界文明古国，都是东方文明的发祥地。我国四大名著之一《西游记》就是根据唐玄奘去印度取经的故事而改编的。

早在 1913 年，钱智修就在《东方杂志》上发表了一篇文章《泰戈尔之人才观》，介绍了泰戈尔关于痛苦、快乐、爱情的看法。泰戈尔主张人们应该过着一种“献身理想、献身祖国、献身人类的福利者”的生活。

1915 年 10 月 15 日，在中国《新青年》杂志第五期上，发表了陈独秀用中国文言文翻译的泰戈尔诗集《吉檀迦利》的 4 首诗。

中国诗人郭沫若是接触泰戈尔作品最早的中国学者。郭沫若早在日本留学的时候，就曾拜读过泰戈尔的《园丁集》、《新月集》、《吉檀迦利》、《爱人的赠品》及戏剧《暗室之王》等作品。

从 1921 年起，泰戈尔的作品开始大量地出现在中国的报纸和杂志上，并对中国诗歌文学的发展创作产生了深远的影响。

泰戈尔其实在很早之前就想访问中国，尽管讲学社只邀请他个人来华，他还是组成了一个访华代表团。

4 月 12 日，泰戈尔一行乘船出发了。他们先是经由缅甸、香港，最后来到中国上海。徐志摩、王统照等人纷纷从北京赶到上海迎接诗圣泰戈尔。

上午10时，泰戈尔乘坐的轮船从黄浦江上徐徐驶来。徐志摩突然大声说："看！那个戴红帽子，留着白胡子的那个，不正是泰戈尔先生吗？"

"在哪里？在哪里？"码头上欢迎的人群一下子激动起来，他们终于看清了在甲板上站着的泰戈尔先生。

船还没有停稳，欢迎者便一拥而上，把泰戈尔围在了中间。人们给泰戈尔戴上了美丽的五彩花环，请他坐在中间的椅子上。

泰戈尔严肃而诚恳的态度，慈祥而和善的面容，质朴的衣装，立刻吸引了中国的欢迎者。泰戈尔用舒缓、低沉但美如音乐的声音回答着记者的提问，边回答边不时把眼镜拿下放在胸前。

他谈吐中不乏幽默感。期间说的一些有趣的话，让听者都不由自主地大笑起来。

泰戈尔此次访华时，还接受了东方通讯社的采访。泰戈尔表示此行意在恢复长久以来中断的中印两国古老文化传统的交流。他的愿望终于实现了。

中国诗人徐志摩担任了翻译和陪伴任务，他为能参与此项活动而欣喜若狂。徐志摩以诗人的语言，夸赞泰戈尔：

> 我国青年刚摆脱了旧传统，他们像花枝上鲜嫩的花蕾，只候南风的怀抱以及晨露的亲吻，便会开一个满艳，而你是风露之源。
>
> 如果作家是一个能以语言震撼读者内心并且提升读者灵魂的人物，我就不知道还有哪一位比你更能论证这一点的。

泰戈尔在上海入境以后，徐志摩就一直陪伴在其左右。他们乘车来到北京前门火车站，受到了一大批当时中国文化名流的热烈欢迎。

随后，泰戈尔还游览了杭州西湖，参观了南京的明孝陵，还访问了济南，并在北京、上海、济南这三座城市都作了讲演。

泰戈尔在抵达北京时受到群众的欢迎，他在参观北海、法源寺、故宫之余，还多次与北京的文学社团如讲学社、新月社的成员及知名人士欢聚一堂并作了精彩的演讲，前来听他演讲的听众多达数千人。

在北京天坛举行的欢迎会上，泰戈尔作了精彩的即兴讲演：

> 今天我们集会在这个美丽的地方，象征着人类的和平、安康和丰足。多少个世纪以来，贸易、军事和其他职业的客人，不断地来到你们这儿。但在这以前，你们从来没有考虑邀请任何人，你们不是欣赏我个人的品格，而是把敬意献给新时代的春天。

当年5月7日，是泰戈尔的64岁华诞。在当晚举行的晚宴上，主席胡适代表中国知识界，送给老人十来幅名画和一件古瓷作为寿礼。

更使诗人高兴的，是他还得到了一个中国名字。梁启超把一方鸡血石印章献给泰戈尔，上面镌着“竺震旦”3个字。

晚宴结束后专场演出了泰戈尔的戏剧《齐德拉》。剧中人物对白全用英语，不大精通英语的梁启超，由学者陈西滢担任翻译。演出前还插进了一个富有诗意的镜头，漂亮的林徽因饰一古装少女恋望“新月”。

在中国度过的生日，使他终生难忘，诗人满怀深情即兴口述了一首长诗。

> 在我生日的水瓶里，
> 从许多要客那里，
> 我收集了圣水。

那些从来没有会面的朋友，
把友好的标志点上我的前额。
称我为自己人，
不知不觉中外客的服装卸落了，
我取得一个中国的名字，
穿上中国的衣服，
在那里我找到了朋友，
我在那里重生。
他带来了生命的奇妙，
绽开出不知名的花朵。

泰戈尔在华期间所作的数十次演讲中，除了向热情的中国朋友介绍自己的生平，讲述他的创作和种种感受与体验之外，诗人还深情地追怀了中印两国人民长达几千年的友好往来，并以亲切友善的敬意赞誉了中华民族辉煌灿烂的文化，表达了他盼望中国的尽快觉醒和富强的美好愿望。

在演讲中，泰戈尔曾这样说道：

我不是什么哲学家，所以请你们在自己心里给予我位置，而不要在公共舞台上给予我坐毡。

现在，当我接近你们，我想用自己那颗对你们和亚洲伟大的未来充满希望的心，赢得你们的心。

当你们的国家为着那未来的前途站立起来，表达自己的民族精神，我们大家将分享那未来前途的欢快。

泰戈尔站在中国文化的一边，他在一篇《告别辞》中讲道：

我记得我总觉得难受，每次我遇见不甚尊敬你们的那些人，他们是无情的，冷酷的，他们来到你们中间任意地侵略，剥削和摧残，他们忘怀你们对文化的贡献，也不曾注意你们伟大的艺术。

离开北京后，泰戈尔先后抵达太原和武汉，在那里作了演讲。然后，泰戈尔从上海赴日本，结束了对中国长达一个半月的友好访问。

从此之后，泰戈尔与中国结下了不解之缘。作为中国文化挚诚的热爱者，泰戈尔致力于中国的研究。

到后来的1937年，泰戈尔亲自在和平之乡桑地尼克坦为中国学院的成立主持揭幕典礼，并作了题为《中国和印度》的公开演讲。国际大学的中国学院不仅是当时印度第一个从事中国研究的专门机构，而且从那时至今，一直是印度研究中国的中心。

印度文明的双子星座

1924年7月，泰戈尔在日本逗留了6个星期后，返回了祖国。

两个月以后，泰戈尔再次起程，踏上了前往南美洲的旅程。他应秘鲁共和国的邀请，前去参加秘鲁独立100周年纪念大会。

当年初秋时节，泰戈尔开始了他横渡大西洋的行程。海上旅行时他创作了不少诗歌和散文，作品无一不表露出他那颗依然年轻的诗心。

当船航行到南美的阿根廷附近海面时，泰戈尔突然病倒，只得在布宜诺斯艾利斯登陆，经过检查之后，医生建议他好好休养一段时间。

举目无亲的泰戈尔幸运地遇到了气质美好、热情聪敏的维卡多丽娅·奥坎鲍，并得到了她真诚、周到的照顾。虽然因为健康的缘故，他不得不取消了对秘鲁进行访问的安排，但是住在风景幽雅宜人的普拉特河畔的一座别墅中，接受女主人盛情而又无微不至的关照，令他十分感动。

在充满阳光和温馨的关怀中，诗人的创作灵感再次显现。这段时间里，他创作了许多明朗、柔美的抒情诗，第二年结集为《阴暗的旋律》出版。

在印度的古典音乐中谓阴暗的旋律是黄昏中演奏的一种优美曲调。泰戈尔以诗的形式这样描述与维卡多丽娅一起度过的那些日子：

女人，
你曾用美使我漂泊的日子甜柔，

也曾用淳朴的恩慈接受我到你近边，
就像那不相识的星星用微笑欢迎了我。
当我在凉台上独立凝望着南方夜晚的时候，
从上面传来了一个声音：
我们认得你，
因为你像我们的从无限的黑暗里来的客人，
光明的客人。
在这个伟大的声音中你还向我呼唤：
我认得你，
即使我听不懂你的语言。
女人，
我却曾在音乐中悟出：
在这世上你永远是我们的客人、诗人、爱的客人。

16 年以后，当泰戈尔进入天堂之前，他依然怀念这段难忘的生活经历，并且在他生命最后的日子里创作的一些诗歌中，追忆美好的往事和往昔的幸福。其中有一首即以女主人送给他的躺椅为题材，诗的第一节如下：

日光炎灼，
这个孤寂的中午。
我望着这张空椅，
在那上面找不到一丝安慰的痕迹。
在它的心中，
塞满了绝望的言词，
仿佛要在哀恸中说出。
空虚的声音，

充满了慈怜，

那最深的意义是把握不到的。

1924 年的 1 月 4 日，泰戈尔怀着遗憾的心情告别了布宜诺斯艾利斯和热情的女主人，经过意大利的热那亚，从威尼斯返回了印度。

回到印度之后不久，泰戈尔又失去了生命中一个重要的人，他一直十分尊敬的五哥乔蒂林德拉纳特与世长辞了。

乔蒂林德拉纳特是位才华横溢的人，他在泰戈尔开始走上文学道路以后，给他指明了道路。兄长的去世给了泰戈尔以沉重的打击。

他只是将悲痛的心情和颤抖的心灵掩在外表的沉默平和之中。泰戈尔早已多次与死亡会面，历经多次生离死别的凄楚之后，他总是这样说：通过死亡和悲痛，平静寓居在永恒的心灵里。

1925 年 5 月，圣雄甘地来到桑地尼克坦。当时，非暴力不合作运动浪潮已经消退，印度的民族解放斗争处于低潮时期。

在 1924 年年底召开的印度国大党的年会上，圣雄甘地根据时局提出了一个建设性纲领，并将其作为国大党在当前的领导宗旨。这一宗旨包含着推广手工纺纱和织布、禁止饮酒、吸食鸦片和提高低等种族人民地位等几项内容。

其中，采用手工进行纺纱织布这一项，甘地坚持认为它是赢得印度自治的重要而且有力的途径。

在和平之乡此行中，甘地希望泰戈尔成为自己革命宗旨的支持者。甘地努力强调手摇纺车的重要性，而泰戈尔则认为，用原始纺车手工纺纱对印度自治没有任何必要意义，不应当蔑视科学。

甘地想说服泰戈尔的目的没有达到，但是尽管见解不同，两位伟大人物仍然彼此尊敬和热爱。

后来，泰戈尔在《现代评论》上写了《纺车的道路》一文，阐述和发展了自己的观点，认为印度的贫困问题是不能倚仗手工劳动来解决的。

甘地也在自己办的周刊《青年印度》上著文《诗人和纺车》作为答复。泰戈尔在随后写给甘地的私人信函中申明两人的友谊，泰戈尔说："虽然你为着自认为是真理的见解而猛烈地打击了我，但是我们建立在互相敬爱的感情基础上的个人关系将经受得住这一严峻考验。"

以后的事实也确实证明，尽管甘地和泰戈尔两人在性格气质、思想见解上有种种不一致的地方，但是那深厚的相互信任、尊重的亲切感却始终将这两位品格高尚的人紧密地联系着。

1925 年年底，泰戈尔在加尔各答主持召开了印度哲学会的第一次大会，并且在会上作了关于印度民族文化及民族宗教的哲学意蕴的演讲。

尽管有许多繁忙公务在身，泰戈尔的文学写作却并未止歇。他是一个天生的才思泉涌的人。除了将以前的两篇小说改为剧本之外，在这一时期，他的重要收获是创作了歌舞剧《舞女的膜拜》。

从古至今，从事文学活动的人士很多，但有博大爱心和深刻思想、文笔优美、作品给人们的心灵以巨大震撼的优秀文学家，不是很多。而泰戈尔正是为数不多的优秀文学家中的一个。

从古至今，崇尚公平正义、为民众利益而奔走、为国家独立和富强而奋不顾身的人士很多，但提倡宽恕，把人们心灵的拯救放在第一位，反对采用暴力手段实现公平正义的不是很多，而甘地、泰戈尔正是为数不多的优秀人士的突出代表。

泰戈尔、甘地，都以自己的积极探索，丰富和发展了自己民族的思想文化；甘地、泰戈尔，都以宽阔的胸怀和高尚的人格，赢得全世界无数正直善良的人们的尊敬。

因此，泰戈尔、甘地被后人称为 20 世纪印度文明的双子星座。

强烈谴责法西斯主义

1926 年 5 月，泰戈尔接受了来自意大利的邀请，起程来到了那不勒斯。当时，意大利统治者墨索里尼正被鼓吹为伟大的人物，泰戈尔也产生了错觉。

抵达那不勒斯时，泰戈尔受到了热情欢迎，官员代表墨索里尼致了欢迎辞。

后来，泰戈尔旅行到罗马，受到了由罗马总督主持的市长欢迎大会的款待并发表了题为《艺术的意义》的公开演讲。当时，泰戈尔会见了墨索里尼，意大利的国王也接见了泰戈尔。

泰戈尔还在热心朋友们的秘密协助下，见到了被法西斯分子软禁的哲学家伯奈代托·卡罗契。

泰戈尔无论如何也没有想到，墨索里尼的邀请和报界的宣传都是企图借他这位世界诗人的名义，扩大法西斯主义的影响。因此当诗人离开意大利，抵达瑞士之后，才从罗曼·罗兰的来信中惊悉自己被欺骗、被愚弄的事实。

与此同时，意大利的宣传机构将他的讲演内容作了极大的歪曲，以便为法西斯思想寻找有力的托辞。

满心疑惑的泰戈尔为了解事实的真相，又在欧洲继续旅行。在瑞士的苏黎世，沙尔多利夫人将耳闻目睹的法西斯暴行告诉了他。在奥地利的首都维也纳，莫迪格利尼亚先生讲述了意大利众议院中一名因反对法西斯的议员横遭杀害的凄惨真相。

骇人听闻的事实使得泰戈尔震惊了，他随即写信给《曼彻斯特卫报》，详细地说明了自己之所以访问意大利的原委和行程，并且以愤怒的措辞严厉谴责了法西斯主义。

这样一来，意大利报界将攻击的矛头指向了泰戈尔。接着诗人又在欧洲做了5个月的旅行。在英国、丹麦等国短暂停留之后，泰戈尔来到了德国，受到隆重热烈的欢迎，总统接见了他，泰戈尔还与杰出的科学家爱因斯坦建立了友好的情谊。

在布拉格，泰戈尔观看了以捷克语演出的自己的剧作《邮局》，然后从维也纳前往布达佩斯，途中因为旅途劳顿造成身体的不适，于是在巴拉顿湖畔做了一段时间的疗养。

随后，泰戈尔先后抵达贝尔格莱德、索菲亚、布加勒斯特和雅典。最后，泰戈尔来到了埃及的首都开罗。为了迎接他，埃及的议会中止了议事日程，埃及国王还特地赠送给国际大学一套阿拉伯文的书籍。

1926年4月，泰戈尔回到了印度。

回到宁静安谧的和平之乡后，泰戈尔创作了舞剧《波多拉交季节的舞台》，并于1927年2月在桑地尼克坦演出。当年3月，泰戈尔踏上了西印度的土地，而且在此期间主持了印度文学会议。

随后的酷暑时节，泰戈尔抵临阿萨姆邦美丽凉爽的山城西隆。在那儿，他开始构思、写作长篇小说《三代记》。

1927年7月，泰戈尔再次起程访问东南亚的诸国，这已经是他年过六旬的生命里第九次的出国旅行了。他所到之处，无论是新加坡、马六甲和吉隆坡，还是怡保、太平和槟榔屿，无处不受到热情的接待。

在前往印度尼西亚的船上他写下了一篇赞美爪哇岛的长诗。在对爪哇岛和巴厘岛进行访问时，那里迷人的歌舞剧和动人的传统文化艺术也深深地印在他的脑海之中。

泰戈尔对印度尼西亚的访问，使得两国之间中断了几个世纪的文化交流得以恢复，而且两国之间的留学生交换也由此开始。此外，爪哇的蜡染技艺也是因为这一次的旅行而首次输送到和平之乡桑地尼克坦，并逐渐传至印度的其他地方。

当地的陵庙建筑、群岛风光、居民的热情，以及那里与自己的祖国印度的文化亲缘，都使泰戈尔难以忘怀这次印尼之行。

离开印度尼西亚这个岛国不久，他又将访问的欢愉写在了动人的诗篇《萨格利卡》中。归途中，他还在泰国做了几天的访问，所到之处都进行了演讲，也受到了当地各界人士的热情欢迎。在曼谷大学，他还作了以教育为题的演讲。

1927 年年底，由于泰戈尔要在 12 月里主持和平之乡一年一度的庆祝例会，所以他结束了这次东南亚的宜人旅行。

1928 年，泰戈尔收到来自英国牛津大学的邀请函，请他前去演讲，于是他准备再次踏上出国访问的旅途。不巧的是，诗人在马德拉斯就病倒了，在当地休养了一段时日后他乘船来到锡兰，希望在那里恢复健康再前往欧洲。

在科伦坡休养的 10 天里，泰戈尔的身体状况并没有明显的好转，所以他决定暂时放弃这次访英旅行，又返回了印度。

应老朋友的邀请，泰戈尔来到班加罗尔继续休养，3 周之后，泰戈尔完成了长篇小说《交流》，还创作完成了另一部长篇小说《最终的诗篇》。

1929 年的 3 月 1 日，泰戈尔应加拿大全国教育委员会之邀，乘海轮起程前往那里，开始了他的又一次海外旅行。

在加拿大的维多利亚和温哥华两地，泰戈尔作了两次演讲。前来听演讲的人们挤得水泄不通，并且为他渊博的知识而敬重他。

泰戈尔还收到了美国几所大学的邀请，于是决定去那里访问。然而由于遗失了护照，他受到洛杉矶当地移民局无礼的待遇。深感因为自己是有色人种而受到侮辱的诗人，愤而中止了美国之旅，乘船抵达日本，在那里停留了近一个月的时日。

泰戈尔热爱讲究礼貌、纪律、天性勇敢的日本人民，也正是由于这种爱，他对法西斯势力拼命煽动起人民狂热的爱国热情更加感到痛心。

泰戈尔曾在日本的公开演讲中，指出日本正在破坏国与国之间的关系，而这种劣行将使得日本成为“一个活生生的现实的理想的魔鬼”，表现出了诗人的正气和非凡的勇气。

自日本归来后，泰戈尔来到了法属印度支那的西贡，短短的几天时间里，他受到了热情真挚的欢迎。

1929年7月，泰戈尔回到了印度。

1930年3月初，泰戈尔去欧洲作访问旅行。5月初，在巴黎的皮加勒长廊，泰戈尔的个人画展揭幕了。泰戈尔的绘画中，有奇形怪状的鸟儿、花儿、人物和风景，有的人从他的画中看到了“原始主义”的影子。

泰戈尔的个人画展在巴黎赢得了当地美术家及艺术评论家们的赞扬。当年5月底，泰戈尔在牛津大学作了演讲，演讲稿在次年以《人类的宗教》为题出版。在伯明翰和伦敦举办了个人画展。

7月，泰戈尔来到了德国柏林。尽管对纳粹主义颇感愤慨，他却仍对德国人民抱有深厚的感情。这次德国之行更加深了他对科学家爱因斯坦的尊敬，随后他又在柏林举行个人画展，并到慕尼黑及其他几个城市访问。

与此同时，泰戈尔观看了德国的基督受难剧，他受到了启发并写了一篇英语诗歌，取名为《御子》。

在日内瓦休息了一个月以后，泰戈尔又接受了苏联政府的邀请，前往莫斯科访问。关于这次意义重大的旅行中全部情况以及所见所闻所感，泰戈尔在当时写给家中的信里都作了生动细致的描述。第二年这些信以《俄国书简》为题出版。

泰戈尔以前听到过许多反对前苏联这个新型社会主义国家的言

论，当诗人准备起程踏上去前苏联的旅途之际，还有不少朋友企图劝阻他。然而泰戈尔主意已定，他希望去看一看这个发生了翻天覆地革命的国家。

当时，诗人虽然已经年过七旬，精神却越来越好。同青年、成年时期相比，晚年的泰戈尔有着更加宽容的心态。

泰戈尔在前苏联看到被压迫者如今成了真正的人。在短暂的时日，淳朴的人民成为充分解放与发展的人。身为一个教育家，他对前苏联的教育状况也十分感兴趣。他说："我到俄国去，为的是去看看他们的教育制度。看到以后我感到非常惊奇。仅仅在 8 年的时间内，教育的力量就把人的心灵面貌都改变了。"

泰戈尔看到前苏联的教育正以惊人的速度普及着，他也意识到前苏联发生的变化背后所蕴蓄的伟大的创造力。与此同时，他还看到了在革命中也有强制和惩罚手段的运用，他认为专制是严重的灾难。

虽然前苏联有的地方并不尽如人意，但泰戈尔感到正如明月之上的阴影一样，这些因素也是不可避免的。在莫斯科，泰戈尔访问了孤儿们，还与著名人士相会，并举办了画展，之后他从前苏联来到德国，再次起程去美国访问。

与前两次不同，泰戈尔这一次在美国受到了隆重的礼遇。纽约几百位知名人士举办盛大宴会欢迎他，随即他在纽约历史学会议上作了演讲。

这次历时将近一年的旅行给诗人带来了丰富的生活经历和各种新鲜的感受，他对西方世界的了解更丰富、全面，而且，前苏联整个国家为重建美好生活而奋斗的创造性图景更使他难忘。回到印度后，泰戈尔发现印度当时正面临着一个严峻而又艰难的时期。

国难家殇下的勇者

1930 年，圣雄甘地再次发起了公民不合作运动，抵制英货、抵制政府委员。此次运动的规模较以前运动更为深广，全国城乡的人民群众几乎都被发动起来。

面对异常激烈的斗争局面，当时英国驻印政府采用极端的恐怖手段加紧镇压，一年间就逮捕了国大党领导人和爱国者共达 60000 多人。

成百上千的勇敢的孟加拉青年，仅仅因为对为自由而战的革命斗争表示同情，就被以嫌疑罪名投入了魔窟与地狱般的集中营。

泰戈尔曾写诗向被囚禁的青年们表示敬意。后来，在希吉利的监狱中，两名爱国青年还惨遭杀害。消息披露之后，泰戈尔十分愤怒。于是，在加尔各答召开的一个盛大的群众集会上，诗人严正地表白了自己的态度。

除了人为的残暴之外，北孟加拉的大自然也肆虐起来，那里发生了洪灾，人民被迫离乡背井。为了救济灾民，泰戈尔将诗歌《御子》改编为孟加拉戏剧，更名为《御子之圣地》，在加尔各答上演，所得的收入全部用来资助灾民。

1931 年 3 月，泰戈尔归国之后完成了歌舞剧《新气息》的创作，这部洋溢着春天气息的戏剧在加尔各答的剧院中演出了。

第二年年初，正当加尔各答市民们为诗人的 70 寿辰准备之际，泰戈尔突然得知圣雄甘地因为进行第二次不合作运动，和国大党其他领导人一同被捕的消息。

泰戈尔立即请求中止庆祝准备活动，打电报给英国首相，抗议

“盲目的镇压政策”。不久他又准备发表一个声明，但被新闻检查机构无理禁止刊登。

诗人心灵和感情都受到了重创，加之欧洲之行时对法西斯暴行的耳闻目睹，他一改以往顺从忍耐的谦恭态度，不再祈求自我牺牲才可以换来的和平。

当时，创作的《问》这首诗则表露出他态度的转变：

我的神，
一次又一次，
你曾派遣使者来到这无情的世界；
他们教导我们：“饶恕一切人。”
他们教导我们：“爱所有的人，从心底拔掉仇恨的毒根。”
他们值得崇拜，
值得怀念，
但是在这不幸的日子里，
我却把他们赶出门外，
丢一个虚伪的敬礼给他们。
难道我不曾亲眼看见，
在强者横冲直撞的侵略面前，
正义的声音被扼杀，
独自在暗中哭泣！

1932年，泰戈尔起程前往伊朗，在那里他受到了来自政府和人民的诚挚的欢迎。泰戈尔参观了著名波斯人哈菲兹和萨迪的墓园。接着，伊朗首都德黑兰为诗人而举办的群众欢迎大会，令他感动不已。

在返回印度途中，泰戈尔又在伊拉克的首都巴格达做了短暂停留，伊拉克国王亲自接见了他。泰戈尔还在阿拉伯的沙漠中游牧民族贝督因人的帐篷中度过了美好而难忘的一天，终于实现了他数十年以来的夙愿。

这一次两伊之行是泰戈尔一生中的最后一次出国访问。自玫瑰之乡返国后的泰戈尔，再度面临着一个沉重的打击，他十分疼爱的唯一的外孙因患严重的肺炎而去世了。

泰戈尔非常喜欢这个懂事而又有才华的孩子，他的死使得泰戈尔再一次经受了悲哀的折磨和伤感的考验。

在国难家殇的双重打压下，泰戈尔没有低头，因为他是生活的勇者，当他身上的压力越大，成倍的动力也会随即诞生。

这一年，诗人出版了他的又一部诗集《终了》。他在经历了来自各方面的痛苦之后，想以此来象征他的创作生涯的终结。《终了》集中的作品可谓是风格各异，喜怒忧悲，五味俱全。

1932 年 9 月 20 日，圣雄甘地下定决心在狱中绝食至死，除非当局对决议作出修改。就在绝食的前一天，甘地曾写信给泰戈尔，请求他的支持。

泰戈尔在复电中赞扬了甘地为了印度的统一和社会的完整，献出宝贵的生命是崇高的行为：

我们悲痛的心满怀虔诚和爱戴之情，关切着你崇高的苦修。

泰戈尔于 9 月 24 日长途跋涉到浦那的叶勒沃达监狱中去探

望甘地。与此同时，英国殖民政府迫于社会舆论，同意了甘地的主要请求和全国各政党团体提出的解决方案。

于是，在9月26日，甘地才停止了绝食。此时，泰戈尔正在甘地的身边，当二人同时听到胜利的好消息，一下子拥抱在一起。泰戈尔高兴得像个孩子似的，跑到街上买回一只烧鸡、一瓶白酒，两个好朋友就在狱中开怀畅饮起来。

随后，泰戈尔接受了加尔各答大学授予他的教授头衔，并作了一系列的精彩演讲。

他在桑地尼克坦欢迎波斯国王派来的客座教授，还带领和平之乡的学生及文艺工作者去到孟买参加“泰戈尔周的活动”，在安得拉大学发表一组题为《人类》的演讲。

之后诗人还访问了海得拉巴邦，并在加尔各答会堂发表了《印度的巡礼者拉贾·莫罕》的著名演讲，盛赞了这位印度伟大的改革家。

1934年1月，印度北部发生了强烈地震，比哈尔邦一些城镇的居民和财产遭受了重大损失。甘地在一个公开声明中认为这一灾难是神明对不合理的贱民制度的报应。

虽然泰戈尔赞同甘地的政治主张，但对他利用大自然灾难的手段来印证革命表示了不满和惊讶。

两个巨人朋友又发生一场舌战，泰戈尔为了反驳自己的好朋友，在一篇公开发表的声明书中说：

我的好朋友圣雄甘地，为了惩戒盲目遵从贱民制度的人们，公开指斥他们一身不是。

他说，正是这些人给印度招来神的惩罚，引起神的可怕的愤怒和不快，这种观点不能不令人感到悲哀和震惊。

这是对大自然现象不科学的解释，可笑的是有些人竟然盲目接受了这种看法，尤其让人感到不幸！

当时，国际大学的发展由于经济拮据而受到了严重影响，这种境况使得泰戈尔不得不想尽办法，筹措资金。

一个新颖而大胆的想法在他头脑中形成了。他想成立演出戏团，排练自己的剧作和歌舞。排练成熟后，再到全国各地巡回演出，以赚得维持大学正常发展所需的资金。

在印度当时那个社会，舞蹈是被人们视为非常低贱的职业，泰戈尔的这一举动可谓是十分勇敢的。募款固然是一个目的，但是诗人还希望人们能够摆脱对印度古老艺术的种种偏见。

1935 年底，在桑地尼克坦演出了泰戈尔的戏剧《秋节》，在加尔各答则上演了泰戈尔根据《暗室之王》改编的剧本《看不见的宝物》，酷爱演戏的诗人泰戈尔也亲自参加了这两部剧的演出。

声援中国的抗日战争

1937 年 7 月 7 日晚上，卢沟桥的日本驻军在未通知中国地方当局的情况下，径自在中国驻军阵地附近举行军事演习，并声称有一名日军士兵失踪，要求进入北平西南的宛平县城搜查。

中国守军拒绝了这一无理要求。日军向卢沟桥一带开火，向城内的中国守军进攻。中国守军予以还击。这一事件掀开了日中战争的序幕。

日本军队自 1931 年占领中国东北后，为了进一步发起全面战争，开始陆续运兵入关。

也就是这一年的秋天，有一天，76 岁高龄的诗人泰戈尔正坐在椅子上休息的时候，却突然失去知觉，昏睡了两天两宿。直到第三天，他才慢慢地苏醒过来，这种在生死之间徘徊的经历，给诗人的印象最深。

儿女们可被吓坏了。泰戈尔却很乐观、坚强。

他对孩子们风趣地说："孩子们，死神把我从地府又送了回来，我第一次尝到了死的味道，我蹑手蹑脚，从宇宙的暗窟中溜了出来，我成了一个死的使者……"

后来，诗人躺在病床上把这种知觉的中断和恢复的感受写成一首诗，后把它收入第二年出版的诗集《边沿集》中。

当得知日本军国主义者悍然入侵中国时，泰戈尔感到非常愤怒，他不顾自己年老体衰，用手中的笔来谴责其侵略行为，并从道义上支援中国人民。

泰戈尔曾以电报、信件、讲话和诗歌等种种方式表达自己的感情和态度。

在病中，泰戈尔发电给蔡元培等人，慰问中国人民：

> 贵国人民此次对于所加于最伟大和平国土之非法无理侵略，做英雄勇武之抵抗，余已不胜钦佩，并祈祷阁下等之胜利。余之同情及余之国人之同情，实完全寄予贵国。愿正义与人道，由阁下等之凯旋，得以护持。

泰戈尔同情中国的声音很快地传遍了全世界，日本政府企图通过“日印协会”来收买诗人，泰戈尔在给该协会的复信中有这样一段话，由此可以看出他的坚定的立场：

> 我十分敬重和热爱日本人民，这便是为什么我不能坐视日本政府强以其帝国主义者的侵略使命加诸其人民的理由。在我看来，日本人民与中国人民，似乎是一样做了一幕共同的悲剧的牺牲者。
>
> 因此在感谢你与你的协会所给予我的厚礼和友爱的同时，我甚愿表示明白：我对于日本人民所怀的友爱，并不包含对于其统治者的悲惨政策。

1938 年 1 月，当诗人听到日本的战争刽子手们竟在佛寺中祈求胜利的消息，他义愤填膺，写下一首题名为《敬礼佛陀的人》的长诗，声讨丧失人性的杀戮者。

更可贵的是，为了从经济上援助中国的抗战，泰戈尔还组织了募捐活动，并第一个捐款。在国际大学，他率领师生们义务演出，为中国人民筹资。

1938 年 4 月，泰戈尔还写了题为《致中国人民书》的长信，祝愿中国人民在英勇的斗争之中诞生出新国家和新民族的生命。

这一年 7 月，曾在和平之乡受过泰戈尔款待的日本诗人野口米次郎写来了一封信，信中声称日本在中国的杀人行为是为在亚洲建立新世界的不可避免的途径，是“亚洲为亚洲”的战争。

泰戈尔阅后满腔怒火，在复信中对这一言论作了有力的驳斥：

> 除非你能够使中国人民信服，你们的军队轰炸他们的城市，使他们的妇女儿童等成为无家的乞丐。
>
> 借用你自己的词句，即那些尚未被炸成“泥鱼的残骸”，除非你能使这些牺牲者信服，他们遭受的只是一种仁慈的待遇，此种仁慈的待遇在未来将拯救“他们的国家和民族”；否则，你不必再次游说我们相信贵国的高贵。

在复信的最后，泰戈尔写下这样一句话：“敬祝我所热爱的贵国人民，不成功，只懊悔。”

泰戈尔在道义和行动上对中国的支持，中国人民是永远也不会忘记的。著名作家茅盾曾这样说过：“我们敬重他是一个怜悯弱者，同情被压迫人民的诗人。”

1956 年，周恩来也真诚地赞扬泰戈尔：

> 泰戈尔不仅是对世界文学作出了卓越贡献的天才诗人，还是憎恨黑暗，争取光明的伟大印度人民的杰出代表。中国人民永远不能忘记泰戈尔对他们的热爱，中国人民也不能忘记泰戈尔对他们的艰苦的民族斗争所给予的支持。

病榻上的反战者

1939年，第二次世界大战不可避免地爆发了。曾经经历过第一次世界大战的诗人，看到人类的悲剧再次上演，感到异常的悲痛。

这一年圣诞节，他怀着一颗难以平静的心，写了一首诗表达了他对战争狂人的愤恨和谴责。

群蛇蠕动着喷吐着毒焰，
污染了四周的空气。
平和的柔婉词句，
听来仿佛是无用的讽嘲。
因此，我离去之前，
我向每一个家庭呼吁——
准备战斗吧，
反抗那披着人皮的野兽！

在这里诗人用“群蛇”、“披着人皮的野兽”等字眼愤怒声讨法西斯，表达了诗人要同他们血战的决心。

1938年至1939年，泰戈尔还创作了一系列格调完全不同的诗歌，后来分门别类收入以下几个诗集：《微笑》、《天空的灯火》、《婴儿》和《木笛》。

第二次世界大战开始后，印度总督公开宣布印度为参战国。这个决定引起全国各界人士的愤怒抗议。

诗人泰戈尔虽然年纪已老，又患疾病，他依然时刻关心祖国的命运，决心为人民出一把力。

6月15日，他给美国总统罗斯福写信，信中说：

尊敬的总统先生：

我作为印度的子民，向您诉说英国殖民者统治下的印度人民所受的深重苦难。他们像奴隶一样在社会的最底层生活，而且马上要经受战争的残害！

尊敬的总统先生，我希望您能从匡扶正义的角度，向全世界鸣不平，以解救水深火热之中的印度人民，让战争的魔爪从印度消失！

谢谢您总统阁下，谢谢您罗斯福先生！

祈盼您的好消息！

泰戈尔

1940年2月，圣雄甘地夫妇专程来到桑地尼克坦拜访泰戈尔。

泰戈尔在美丽的芒果林中，欢迎前来拜访他的好朋友圣雄甘地和他的夫人。

泰戈尔在欢迎词里说："好朋友圣雄甘地及夫人，我把您和夫人当成自己的人，又属于全人类的人来欢迎！你们是和平之乡的贵客，我希望你们经常做客，我们拯救印度民族的大方向是一致的，虽然在观点上有些分歧，但一点不影响我们的友谊。让我们携起手来，为印度的自治和独立贡献我们的力量！"

泰戈尔还专门设宴款待了圣雄甘地及夫人，又陪同他们到孟古普和噶伦堡度夏。

这次甘地与泰戈尔的最后一次会晤，双方都感到十分愉快。

同年夏天，泰戈尔来到喜马拉雅山麓的小镇孟古普避暑，并在这里开心地度过了他79岁的生日。

当天，僻静的小山村因泰戈尔的到来而沸腾了，尼泊尔老和尚一大早就前来为他焚香、祈祷。傍晚，主人请附近的居民一同参加祝寿的宴会，淳朴的村民们采摘了无数美丽的鲜花献给了他们崇敬热爱的诗人。

望着这些代表着人民真诚祝福的鲜花，泰戈尔的心又一次被深深地感动了。

在9月26日，泰戈尔再次突然发病，当时发病的情形与3年前完全一样，也是突然间失去了知觉和意识。他随即被送回到加尔各答的祖居之地，在那里接受精心的治疗。

当甘地得知泰戈尔病倒的消息后，立即派自己的贴身秘书前去慰问。

在医务人员和家属的精心治疗和细心护理之下，泰戈尔终于能坐起来，也能听能说了，只是还不能提笔写字。

当时，由于英国政府想迫使印度参加第二次世界大战，又不愿意答应印度国大党成立“国民政府”的要求。于是，圣雄甘地于1940年10月再度发起不合作运动，并倡议国大党成员在公开场合发表反战演说，这次行动，又引起了英国政府的强烈镇压，几千名国大党党员遭到逮捕。

与此同时，许多国家的人民也正处在法西斯的铁蹄之下，过着水深火热的生活。国际反法西斯的力量正在逐渐形成并日益壮大起来。

这些都使病榻上的诗人深感不安和痛苦，他虽不能提笔写作，但作为诗人，他心中的感受却不吐不快，于是他便请人记录下他口述的诗歌，表达了他对印度解放运动和被战争奴役的人们的同情。

在加尔各答经过两个月的治疗后，泰戈尔的病情得到了有效的控制，于是他又可以回到日思夜想的和平之乡了。在宁静而又充满生机的大自然中，在勤劳淳朴的人们身边度过了许多美好的时日。

不能再如以往那样自由走动的诗人，在病榻上依然不停地追忆往昔，他用他那支依然充满活力的笔，记录下他的满腹情怀。

1940 年，泰戈尔出版了诗集《在病床上》。

1941 年初，又出版了两部诗集《恢复集》和《生辰集》。

在这些作品中，泰戈尔以谦逊平和的心境表达了自己对工人、农民、渔民等普通劳动者的景仰和赞美之情，他希望能有一位新时代的诗人走进劳动者的生活之中，为人类带去崇高的品质和永恒的福音。

同时，泰戈尔还以重病之身口述了许多民间故事、童话和寓言，并把它们结集为《故事与诗》，于当年 4 月出版。这部集子充溢着奇思异想，灵动的字里行间闪耀着绚丽的文采。

最后一个秋天

1940年的秋天，这是一个五彩缤纷的秋天，也是泰戈尔的一生中最后的一个秋天。

9月份，他来到边境小城噶伦堡的儿子家休养，年迈的诗圣仍保持一颗赤子之心。9月25日，诗人坐在椅子上，望着远方一望无际秀美的秋天景色，不禁诗兴大发，又写下一首诗，表达快乐的心情：

天空轻快地拍手，
我的欢乐洋溢在色彩和音响之中。
噶伦堡你可知晓？
金色的晨钟“当当”回响，
噶伦堡你可听到。

写完这首诗的第二天，他就突然病倒了，又是完全失去知觉。诗人又被送回加尔各答进行专业治疗。

圣雄甘地得知泰戈尔病重的消息，急忙派人前来探望。泰戈尔既不能说话，也听不见别人说话，只是不停地流着热泪……

诗人的儿媳说：“爸爸还是第一次这样流眼泪，因为老人是非常坚强的，无论生活多么艰难，他都从不流泪，显然，爸爸怕是有什么不祥的预感吧！”

泰戈尔已不能用笔写字了，但他仍以顽强的意志与病魔搏斗着、抗争着。经过医务人员的精心护理，一旦能张嘴讲话之后，他就自己口述，让儿媳记录下一首首仍然是丰富多彩的诗篇。

他仍然坚信：人的意志力是不可征服的！人是能够经得起肉体上燃烧的痛苦的！他还是认为，人类的未来仍然是美好而光明的，这既是诗圣对自己战胜疾病的一种信心，也是对人类命运的美好祝愿。这些诗句，后来都收入诗集《在病床上》出版。

诗圣的病情稍有好转，就要求家人将他从加尔各答送回日夜思念的和平之乡——桑地尼克坦。

在大自然的怀抱中，诗圣重新恢复了诗情的冲动。

在那里，他回忆起自己坎坷多姿的人生旅程，回忆起自己曾经走过的诗歌文学创作之路。在他所热爱的回忆和冥想中，又情不自禁地写下一首首歌颂自然和生命，歌颂祖国和未来，歌颂劳动人民淳朴和勤劳双手的诗章。

诗人虽然很难开口讲话，但他却发表了自己一生中的最后一次讲演。

他请人代读他的讲演稿，后来讲演稿以《文明的危机》为题出版。这篇讲演稿总结了诗人一生中对西方文明从信仰到失望的过程。它是泰戈尔留给印度人民，也是留给世界人民的一份珍贵的遗书。

他说道：我从前曾相信过，文明的源泉会从欧洲心脏发出。但是，今天当我就要离开这个世界的时候，那样的信念完全破灭了。当洪水消退，用服务和牺牲的精神使气氛焕然一新的时候，人类历史上会出现新的一页！

1941 年 5 月 7 日，诗圣泰戈尔的长子罗梯为自己的父亲在和平之乡——诗人最早的故居“雪黎麦里”主持了最后一个生日。

罗梯是泰戈尔亲人中唯一的幸存者。在历代产生过不少哲学家、艺术家的泰戈尔家族中，罗梯是唯一毕业于大学理工科的建筑工程师。

他把生日庆典从故居“雪黎麦里”一直开到新居“后筑”，最后又转移到诗人最后的定居室“乌太阳”结束。在 3 个居室为年迈的父亲过生日，这也是罗梯独具匠心的设计。

罗梯首先在雪黎麦里举行生日庆典的开幕式。雪黎麦里原来是泰戈尔来和平之乡以后居住的最早的土屋。

泥土的地，泥土的墙，甚至还是泥土的屋顶。所谓的雪黎麦里原意就是最后的归宿的意思，早年诗圣就曾写诗描述自己喜爱的雪黎麦里。他写道：

这屋子全用泥土筑成，
让它庇护我到最后的时辰。
雪黎麦里是它的名，
我筑它在尘土之上。
它将把一切痛苦埋藏，
把一切污垢涤荡！

这座诗圣最早的故居，经过多年的维修改建，现如今已经变成一座非常有艺术性的建筑了。其中有一间全是用一个个装水用的泥坛子堆垒而成，有冬暖夏凉、通风隔音之妙。年近古稀的诗圣泰戈尔，常以此为终老之所。

但后来这位长寿的老翁，也有了“新欢”，那就是在雪黎麦里的东边又出现一座泥屋叫做潘纳贝斯，意思叫做“后筑”，竟使诗圣早先的老屋——雪黎麦里靠边儿了。

由于诗圣晚年喜欢在后筑内写诗作画，人们也称它为书室。诗圣厌恶用砖块和瓦片盖房子，也不喜欢用茅草盖屋顶。

他认为用茅草盖屋顶是一种对农产品的消耗，并且容易着火。所以他坚持要用泥土做唯一的建筑材料。

后来国际大学的师生们把在暴雨中浇塌的后筑潘纳贝斯重新建造了起来。但诗圣在和平之乡的居所中最壮观的还要属乌太阳了。

乌太阳鹤立鸡群，单独承受着“诗人之屋”的美称。事实上，它和其他几栋先后建成的屋宇合称为“诗人的居区”乌脱拉阳，人们总爱称它为“乌太阳”。

罗梯为父亲在雪黎麦里、后筑举行完生日庆典的开幕式后，又把来宾们领到后筑，向大家讲述了后筑的来历。最后，他把大家领到乌太阳。他从建筑工程师的角度，向来宾介绍了乌太阳的建筑结构和格局。

他说：“乌太阳从一致中见独异，从独异中见一致，这也是父亲泰戈尔一贯主张的哲学精髓。这座鲜红色的大厦，似乎是他的哲学的实际应用。它是由五六个大小不等、高低不平的单元前后左右拼凑而成的。高的是三层，低的是两层，最低的只有一层……每层屋顶都是平台，设有花坛。金屋当然不可能有一般建筑物所具有的对称和均匀，但给人一种整齐的感觉。从参差中见到融洽的美，像一座美丽的红珊瑚，所以人们也称它为‘红珊瑚屋’。”

印度国大党的领袖们，如甘地、尼赫鲁、德塞、真纳、鲍斯纳都夫人、玛拉维亚等许多人，都曾多次在这里聚会。

泰戈尔在这里经常接见外国来访的知名哲学家、教育家、文学家、音乐家、画家、科学家。如英国哲学家罗素，爱尔兰诗人叶芝，法国文学家罗曼·罗兰，美国的斯诺·史沫特莱，日本诗人野口来次郎等，都曾在这诗之屋里与他促膝谈心。

泰戈尔这次别具一格的生日庆典，给大家留下了深刻印象，也为泰戈尔带来了快乐！

然而，过完生日之后的日子里，泰戈尔的病况不但不见明显的好转，而且一天比一天加重。

剧痛折磨着诗圣，他的身体日渐衰弱，每天下午体温都要升高，常常昼夜难眠，食量也日渐减少。

当他听说自己的食量与两个月的婴儿相同后，每逢吃婴儿乳粥时，他总要问：“今天我是两个月的婴儿吗？”惹得在场的人哄堂大笑。

面对生命的黄昏，诗圣陷入深沉的思索之中。他思考着人生，思考着事业、和平，思考着存在与死亡，他口述了这样一首诗：

在茹卜那伦的河岸上，
我起来，我清醒着：
这个世界，我承认，
不是一个幻梦。
在用血写成的文学里，
我清楚地看到了我的存在，
通过重复的毁伤和痛苦，
我认识了我自己。
真理是严酷的，
我喜欢这个严酷，
它永不欺骗。
今生是永世修炼的受难，
为换得真理的可怕的价值，
在死亡中偿还一切的负债。

在生与死随时都可能相会的日子里，泰戈尔还口述了另外一些诗歌，总计有15首，集为《最后的歌》，并于当年出版。

转眼之间夏季到了，酷热侵扰着和平之乡，干燥的天气使得水源干涸，树木凋萎。

泰戈尔的病情在炎热的天气里出现恶化症状。大夫决定把诗人送到加尔各答去做手术，泰戈尔不愿过多地打搅别人，希望自己安静地离开人世。但在亲朋的劝导下，他还是于7月25日被送到加尔各答——诗人的祖居之地，准备接受手术。

在病情极端危险的情况下，诗圣还口述了一首充满询问的诗：

最初的一天的太阳问，
存在的新知——你是谁？
得不到回答。
一年又一年过去了，
这天的最后的太阳，
在宁静的夜晚，
在西方的海岸上，
问着最后的问题——你是谁？
他得不到回答。

在即将抵达生命彼岸时，诗圣泰戈尔面对深广浩瀚的宇宙空间和无尽无垠的时间长河，探询我是谁的终极真理，这是他穷尽一生努力追寻的疑问。

诗人在忍受剧痛时，还没有忘记他的诗歌；诗人已经奄奄一息时，他还是没有忘记他一生所追求的诗歌。他为他不能提笔而流泪，他为他不能再推敲修改诗句而悲哀，而流泪。

诗人就是这样，他生命的每时每刻都没有离开过心爱的诗歌，他把诗歌看得比生命还重要。他曾经用诗歌作枪，向一切邪恶开火；他曾用诗歌作色彩，描绘美好的画图。

泰戈尔还擅长作曲和绘画，他的戏剧创作也出类拔萃。他作曲填词的歌曲达 2500 余首，他的水彩画和素描约有 3000 幅左右。诗圣泰戈尔不愧为一位多才多艺的艺术大家。

大诗人回归天堂

1941 年 7 月 30 日上午 10 时，医生开始为泰戈尔做手术。即将上手术台的诗人口述了他最后的一首诗：

你用不同的诡计之网，
把你创造的道路盖起。
你这狡猾者，
你用灵巧的手，
在简单的生活上，
安上伪信的圈套。
你用这欺骗，
在“伟大”上留下一个印记。
对于他，夜不是秘密的，
你的星辰向他指示的道路，
就是他自己永远清醒的心的道路。
他的单纯的信仰，
使它永远照明。
外面弯曲里面正直，
他为此而自豪。
人们说他是无用的人。
他用自己的内心，
赢得了真理，
用他自己的明光洗净，

什么都不能骗走，
他带进他的仓库中的，
最后的报酬。
他这从容地接受你的诡计的人，
从你的手中得到了，
达到安宁的永远的权利。

泰戈尔已经不能再像以往那样细细推敲、修改自己的诗作了。

7 月 30 日上午 10 时 30 分，手术开始了，中午 12 时 45 分手术结束后，医生宣布手术的过程良好。但第二天过后，泰戈尔的病情持续恶化，知觉也逐渐丧失，此后就再也没有恢复过来。

8 月 7 日中午，伟大的诗人停止了呼吸，辞别了这个让他眷恋而关怀的人世。

泰戈尔的逝世受到全世界的哀悼。在印度，为他送葬的人如潮水一般。诗人曾于 1939 年 12 月创作了一首歌曲，希望在他与世长辞之际演唱。

1941 年 8 月 7 日，在和平之乡举行的泰戈尔的追悼会上，成千上万的追悼者唱起了这首歌。

从此，每年的这一天，人们都要把这首歌深情地吟唱：

前面是平静的海洋，
放下船去吧，舵手，
你们将是永久的伙伴。
把他抱在你的膝上吧！
在“无穷”的道路上
北极星将要放光。
自由的付与者，

你的饶恕，

你的仁慈，

在这永远的旅程上，

将会是无尽的财富。

让尘世的牵累消灭吧，

让广大的宇宙把他抱在臂间，

让他在他无畏的心中

认识到这伟大的无名作者吧！

伟大的诗人回到了天堂，他的杰作留在了人间。在他笔下，大自然的一切都显得那么和谐、宁静、超越，充满泛神论的色彩，使人读后得到田野牧歌般的享受。

泰戈尔不是用物我对立的思维来看待人与自然的关系，而是站在物我和谐的思维来看待人与自然的关系，不是把自然当做手段，而是把自然当做目的，不是把自然当做理性思维的对象，而是把自然当成需要人的全部心灵才能把握的东西。这是一种更深刻、更成熟的自然观。

诗人对自然的爱，对人类的爱，化为了优美的诗篇、小说与戏剧，它们将作为人类宝贵的精神资源被世世代代的人所珍视。

附 录

青春啊，难道你始终囚禁在狭小圈子里？你得撕破老年的蛊惑人心的网。

——泰戈尔

经典故事

受到表扬不骄傲

有一天，泰戈尔应邀去参加一个朋友的结婚宴会。参加宴会的有当时社会上军政界各方名流、贵族。宴会举行得非常奢华，当宴会进行到高潮的时候，主人郑重地把一个象征荣誉和纯洁的花环献给了却脱柏西亚先生，借以表达对印度最伟大的作家的敬意。

却脱柏西亚却微笑着站了起来。只见他从脖子上慢慢摘下那刚刚戴上的美丽的花环，笑眯眯地走到泰戈尔的身边，把花环套在了这个一点儿名气也没有的青年人的脖子上。

泰戈尔一时间不知如何是好，他立刻被眼前的情景惊呆了，客人们也为却脱柏西亚先生的举止感到惊讶不已。

却脱柏西亚亲切地挽着泰戈尔的手，以满含温情的口吻对大家说："这个年轻人曾出了一本诗集，《桑底亚桑吉特》，不知各位读过没有？这些诗写得真是好极了。因此，今天我要把这个花环送给我们印度诗坛上出现的这颗新星！"

这次事情发生后，大家一下子对泰戈尔刮目相看了。

戴上本该属于前辈的象征荣誉的花环，泰戈尔激动得流下了热泪，同时，他也觉得自己年纪轻轻就被授予殊荣，内心很惭愧。

泰戈尔暗下决心，将来一定创作出更多更好的诗歌来。

有勇气的孩子

1875年，泰戈尔14岁了。他忍受不了学校的循规蹈矩、死板教条的教育模式；他实在不能抵制内心的真实想法，有一天他郑重地向家人宣告他再也不愿意上学了。听了泰戈尔竟然作辍学的决定，家人们对他作了很长一段时间的劝说后，也感到无能为力了，于是便不再责备他。

有一天，泰戈尔的大姐把他叫到跟前，对他严肃地说："我们都希望泰戈尔将来会长大成人，但是他使得我们大大地失望了。"

泰戈尔当时的心境糟糕到极点，感到自己的价值在社会上显著地下降了。但是，泰戈尔并没有就此消沉。他暗自下定决心，一定要做一个有用的人。

摆脱学校教育的种种樊笼以后，泰戈尔并没有停止学习的激情，他寻找一切可以读书和学习的机会。

有时候，因为读书，甚至忘记了吃饭和睡觉。他如饥似渴地在知识的海洋里漫游着。像一位勇敢而坚强的水手，在知识的大潮中搏风击浪。逐渐的，他天性中爱读书和写作的才华终于显示出来。

后来，若干年后，泰戈尔终于成为享誉世界、享誉文坛的伟大诗人。当他回忆起小时候的生活时，泰戈尔感慨地说："有勇气在自己生活中尝试解决人生新问题的人，正是那些使社会臻于伟大的人！那些仅仅循规蹈矩过活的人，并不是在使社会进步，只是在使社会得以维持下去。"

从不摆架子

泰戈尔的名气渐渐大了，可他还是感到很痛苦，因为他经常看到穷人的生活很悲惨，深感印度社会制度不合理，必须改造，他认为要改造社会，首先要从教育做起，培养有道德有修养的文明人。

于是，泰戈尔创办了一所新式小学。泰戈尔对孩子非常亲切、平等，从不摆校长的架子。

一天，几个孩子悄悄走进他的房间，看到泰戈尔摇头晃脑地在写诗，一个孩子忍不住大声笑道："老师，你简直像一个疯子！"

泰戈尔回头看到他们，也笑了，说："是啊，我的孩子，诗人是比疯子更疯的人啊！"

泰戈尔的小学办得很成功，受此启发，他又创办了一所国际大学。这所大学的学生来自世界各地，学校成了东西方文化交流的中心。

博爱的诗人

泰戈尔不是一个狭隘的爱国主义者。他怀有海纳百川、心系万物的襟怀和爱。

他对于处在帝国主义侵略和压迫下的各国人民都一贯寄予深切的同情，并尽自己最大能力给予支持。

20 世纪 30 年代，当德、意、日法西斯在全世界发动侵略战争的时候，泰戈尔不顾身体的病痛，无数次拍案而起，向全世界大声疾呼："在我离去之前，我向每一个家庭呼吁——准备战斗吧，反抗那披着人皮的野兽。"

就这样，直至 1941 年 8 月 7 日伟大的文坛巨匠泰戈尔在加尔各答逝世，他仍然一直战斗到生命的最后一刻。

真诚对待朋友

1936 年 2 月，泰戈尔在加尔各答作了 3 次有关教育问题的讲演之后，就着手把自己早年的剧本《齐德拉》改编为歌剧，并亲自指导排练。

《齐德拉》在加尔各答的上演赢得了普遍赞誉。接着，诗人带领剧团访问北印度做巡回演出。当剧团抵达首都德里时，市政府提出为泰戈尔举行市民欢迎大会，可是英帝国的行政长官竟然驳回了该项建议。

恰巧此时，当时身在德里的圣雄甘地，目睹年老体弱的诗人为给自己的大学筹款如此艰辛地巡回演出，感到万分不安。于是，他捐款60000卢比给泰戈尔在桑地尼克坦的国际大学，对此泰戈尔表示非常感激。

从德里归来之后，泰戈尔担任了加尔各答群众大会的主席。

在10月2日，为庆祝圣雄甘地的诞生日，泰戈尔组织了一次桑地尼克坦神庙的特别祈祷，真诚地为他一生最重要的朋友甘地献上无限祝福。

泰戈尔与甘地的友谊一直被人们传为千古佳话。

年 谱

1861 年 5 月 7 日，罗宾德拉纳特·泰戈尔出生于印度加尔各答一个富有的贵族家庭。

1869 年，8 岁的泰戈尔开始写诗。

1873 年，12 岁的泰戈尔开始写剧本，才华横溢的泰戈尔从小就走上了文学创作的道路。

1878 年，17 岁的泰戈尔遵父兄意愿赴英国留学，最初学习法律，后转入伦敦大学学习英国文学，研究西方音乐。

1880 年，19 岁的泰戈尔回国，专事文学创作。

1881 年，20 岁的泰戈尔写了《死亡的贸易》一文，谴责英国向中国倾销鸦片、毒害中国人民的罪行。

1884 年，23 岁的泰戈尔离开城市到乡村去管理祖传田产。

1886 年，25 岁的泰戈尔发表《新月集》，成为印度大中小学必选的文学教材。这期间，他还撰写了许多抨击美国殖民统治的政论文章。

1901 年，40 岁的泰戈尔在桑地尼克坦创办了一所从事儿童教育实验的学校。这所学校在 1912 年发展成为亚洲文化交流的国际大学。

1905 年，44 岁的泰戈尔投身于民族独立运动，创作了《洪水》等爱国歌曲。《印度命运的创造者》被定为今日印度的国歌。

1910 年，49 岁的泰戈尔发表长篇小说《戈拉》。

1913 年，52 岁的泰戈尔以抒情诗集《吉檀迦利》获“诺贝尔文学奖”。发表为人们所熟知的《飞鸟集》和《园丁集》。

1916 年，55 岁的泰戈尔发表长篇小说《家庭和世界》。当年，他在日本发表谈话，抨击日本军国主义侵略中国的行动。

20 世纪 20 年代，泰戈尔曾多次出国访问，并与世界各国文化名人一起组织反战的和平团体。

1924 年，63 岁的泰戈尔应梁启超先生之邀访华，“泰戈尔热”进入高潮。

1937 年，日本帝国主义发动侵华战争以后，泰戈尔屡次发表公开信、谈话和诗篇，斥责日本帝国主义，同情和支持中国人民的正义斗争。

1941 年，泰戈尔与世长辞，享年 80 岁。

名 言

● 学习必须与实干相结合。

● 青春是没有经验和任性的。

● 生命因为失去爱情而更丰盛。

● 荣誉羞着我，因为我暗地里追求着它。

● 尘土受到损辱，却以她的花朵来报答。

● 多和朋辈交游无疑是医治心病的良方。

● 要使生如夏花之绚烂，死如秋叶之静美。

● 思想以自己的言语喂养它自己，而成长起来。

● 时间是变化的财富。时钟模仿它，却只有变化而无财富。

● 当我们是大为谦卑的时候，便是我们最近于伟大的时候。

● 不要从你自己的袋里掏出勋绩借给你的朋友，这是侮辱他的。

● 如果把所有的错误都关在门外的话，真理也要被关在门外了。

● 在你青春的无忧无虑的生涯里，你屋子里所有的门户始终洞开着。

● 有时候，两个从不相识的人的确也很可能一见面就变成了知心的朋友。

● 青春啊，难道你始终囚禁在狭小圈子里？你得撕破老年的蛊惑人心的网。

● 果实的事业是尊贵的，花的事业是甜美的，但是让我们做叶的事业，叶是谦逊地专心地垂着绿荫的。

● 人生虽只有几十春秋，但它绝不是梦一般的幻灭，而是有着无穷可歌可颂的深长意义的，附和真理，生命便会得到永生。

● 当青春的光彩渐渐消逝，永不衰老的内在个性却在一个人的脸上和眼睛上更加明显地表露出来，好像是在同一地方久住了的结果。

● 人的青春时期一过，就会出现像秋天一样的优美成熟时期，这时，生命的果实像熟稻子似的在美丽的平静的气氛中等待收获。

● 我们不应该不惜任何代价地去保持友谊，从而使它受到玷污。如果为了那更伟大的爱，必须牺牲友谊，那也是没有办法的事。不过如果能够保持下去，那么，它就能真的达到完美的境界了。

● 生活不是局限于人类追求自己的实际目标所进行的日常行动，而是显示了人类参加到一种宇宙韵律中来，这种韵律以形形色色的方式证明其自身的存在。

● 对我们的习惯不加节制，在我们年轻精力旺盛的时候，不会立即显出它的影响。但是它逐渐消耗这种精力，到衰老时期我们不得不结算账目，并且偿还导致我们破产的债务。

图书在版编目(CIP)数据

泰戈尔/李奎编著.—北京:中国社会出版社,2012.6

(世界名人非常之路)

ISBN 978-7-5087-4049-2

Ⅰ.①泰… Ⅱ.①李… Ⅲ.①泰戈尔,R.(1861~1941)-生平事迹 Ⅳ.①K833.515.6

中国版本图书馆CIP数据核字(2012)第099844号

书　　名:泰戈尔

编 著 者:李　奎

策　　划:侯　钰

责任编辑:张　磊

出版发行:中国社会出版社　邮政编码:100032

通联方式:北京市西城区二龙路甲33号

编 辑 部:(010)66080360

邮 购 部:(010)66060275

销 售 部:(010)66080360　传真:(010)66051713

(010)66080300　传真:(010)66080880

网　　址:www.shcbs.com.cn

经　　销:各地新华书店

印刷装订:中国电影出版社印刷厂

开　　本:170mm×240mm 1/16

印　　张:13

字　　数:200千字

版　　次:2012年7月第1版

印　　次:2013年5月第2次印刷

定　　价:26.00元